Jak se stát penězi
Pracovní kniha

ACCESS CONSCIOUSNESS

Vše v životě ke mně přichází
s lehkostí, radostí a slávou!

Gary M. Douglas

Originální název: *How to Become Money Workbook*
Copyright © 2015 Gary M. Douglas
Access Consciousness Publishing
www.accessconsciousnesspublishing.com

Jak se stát penězi – pracovní kniha
Copyright © 2021 Gary M. Douglas
ISBN: 978-1-63493-483-1
Access Consciousness Publishing

Všechna práva vyhrazena. žádná část této publikace nesmí být bez předchozího písemného souhlasu vydavatele reprodukována, ukládána do vyhledávacího systému nebo přenášena v jakékoli formě nebo jakýmikoli prostředky, elektronicky, mechanicky, kopírováním, nahráváním nebo jinými způsoby.

Autor a vydavatel knihy negarantují a nejsou odpovědni za žádné fyzické, mentální, emocionální, duchovní nebo finanční výsledky. Všechny produkty, služby a informace poskytované autorem slouží pouze pro účely všeobecného vzdělávání a zábavy. Informace zde uvedené v žádném případě nenahrazují lékařskou pomoc, ani jinou odbornou radu. V případě, že se budete řídit některými informacemi obsaženými v této knize, autor ani vydavatel nepřebírají žádnou odpovědnost za vaše jednání.

Z angličtiny přeložil Vratislav Morda

ACCESS CONSCIOUSNESS®

Vše v životě ke mně přichází s LEHKOSTÍ, RADOSTÍ a SLÁVOU

Obsah

Úvod 5
Otázky do pracovní knihy 7
PRVNÍ KAPITOLA: Co jsou peníze? 22
DRUHÁ KAPITOLA: Co pro vás znamenají peníze? 38
TŘETÍ KAPITOLA: Jaké tři emoce máte, když pomyslíte na peníze? 51
ČTVRTÁ KAPITOLA: Jaké jsou pro vás peníze? 74
PÁTÁ KAPITOLA: Jak vám peníze připadají? 85
ŠESTÁ KAPITOLA: Jak vám chutnají peníze? 86
SEDMÁ KAPITOLA: Jestliže si představíte peníze, jak k vám přicházejí, z jakého směru jdou? 91
OSMÁ KAPITOLA: Ve vztahu k penězům, cítíte, že jich máte více,
    než potřebujete nebo méně, než potřebujete? 94
DEVÁTÁ KAPITOLA: Ve vztahu k penězům, když zavřete oči,
    jakou mají barvu a kolik mají dimenzí? 96
DESÁTÁ KAPITOLA: Ve vztahu k penězům, co je snazší, příliv nebo odliv? 98
JEDENÁCTÁ KAPITOLA: Jaké máte tři nejhorší problémy s penězi? 100
DVANÁCTÁ KAPITOLA: Čeho máte víc, peněz nebo dluhů? 105
TŘINÁCTÁ KAPITOLA: Ve vztahu k penězům, k tomu, mít v životě hojnost peněz.
    Jaké tři věci by byly řešením pro vaši současnou finanční situaci? 107

Úvod

Gary Douglas (zakladatel Access Consciousness®) původně vychanneloval tyto informace od bytosti jménem Raz. V současné době se už Gary channelingu nevěnuje. Toto je přepis živého kurzu.

Access je o posilování vás v tom, že víte. Je o vědomí. Vy jste ti, kteří vědí, co je pro vás pravda.

Použijte tuto knihu jako nástroj k odstranění nesmyslných a omezujících úhlů pohledu, které jste si kolem peněz vytvořili, a k větší lehkosti s větším množstvím peněz a finančních toků ve vašem životě.

Pro více informací o Access Consciousness® a o dalších produktech a kurzech pokrývajících všechny aspekty života jako jsou peníze, podnikání, vztahy, sex, kouzla, těla a další navštivte prosím naše internetové stránky. Dělejte a buďte čímkoli, co potřebujete k tvorbě VAŠEHO života, abyste byli víc, než jste kdy cítili, že je vůbec možné!

www.accessconsciousness.com

Přepis živého kurzu s Garym Douglasem channelujícím bytost jménem Raz

Gary: Tento workshop o penězích pro mě bude novou zkušeností. Nevím, jaké to bude pro vás. Ujistěte se, že všichni máte své zápisníky, tužky a pera, cokoliv, co budete používat, protože tenhle večer budete mít hodně co dělat. Z toho mála, co mi Raz předal, se toho stane hodně. Bude vás žádat o to, abyste dobrovolně vystoupili dopředu a byli pro ostatní zrcadlem. Pokud s tím máte problém, tak si přes sebe hoďte deku, aby vás neviděl, jinak se vás bude ptát. A nestyďte se za nic, co se tu stane, protože skutečnost je taková, že tu stejně není člověk, který by neměl úplně ty samé problémy jako vy. Není žádný rozdíl v tom, jestli máte milion dolarů nebo padesát centů. Problémy s penězi jsou pro všechny stejně obtížné. Je to jasné? Tak jdeme na to.

Otázky do pracovní knihy

Dnes večer se budeme bavit o tom, jak **BÝT** penězi. O tom, jakou jste energií. O tom, jakou budete energií. O tom, jakou jste byli energií. O tom, jakou energií jsou peníze.

Až budete dnes večer odpovídat na otázky, které vám budeme pokládat, buďte si vědomi toho, že upřímnost vašich odpovědí, nemá co do činění s lidmi okolo vás, ale s vámi. Každý úhel pohledu, který jste si o penězích vytvořili, tvoří omezení a měřítka, ze kterých je přijímáte.

Všechno, co vytváříte vy, vytvářejí ostatní. Buďte k sobě naprosto upřímní, jinak tím, koho ošálíte, budete jenom vy. Každý okolo vás bude stejně znát vaše tajemství.

Prosíme, abyste si pamatovali, že předmět našeho zájmu nebývá považován za lehký, ale měl by být. Lehkost je zábava, je to vtip, kterému se můžete smát. Je to tak v pořádku. Tak buďte připraveni být tak lehcí, jako osvícené bytosti, kterými jste.

Pokud skutečně toužíte po výsledcích, bude nejlepší, když odpovíte na všechny otázky této úvodní části dříve, než začnete číst první kapitolu.

Rasputin: Haló

Studenti: Dobrý večer, Rasputine.

R: Jak se máte? Tento večer budeme mluvit o tom, co je vašim srdcím nejbližší, a sice o penězích. A je to tak, že pro nikoho z vás nejsou peníze tím problémem, o kterém si myslíte, že jsou. Budeme s vámi pracovat, abychom vám pomohli začít se učit, jak si vědět rady s penězi. Ne v nějaké konkrétní situaci, ale jako s dovolením si hojnosti, která je vaší pravdou.

Tak tedy začneme. Položíme vám otázku: Co jsou peníze? A vy napíšete tři odpovědi, čím pro vás peníze jsou. A prosíme, nepište, co si myslíte, jak by měla odpověď znít, nepište, co si myslíte, že by mělo být "správně". Nic jako správná odpověď neexistuje. Dovolte vašim mozkům, aby odpluly do dáli, a dovolte své pravdě, aby byla odpovědí. Takže, tři věci, co jsou pro vás peníze.

PRVNÍ OTÁZKA: Co jsou peníze?

Odpověď 1:

_____
_____
_____

Odpověď 2:

_____
_____
_____

Odpověď 3:

_____
_____
_____

Dobře, máte hotovo? Druhá otázka je: Co pro vás znamenají peníze? Níže napište tři odpovědi.

DRUHÁ OTÁZKA: Co pro vás znamenají peníze?

Odpověď 1:

_____
_____
_____
_____

Odpověď 2:

_____
_____
_____
_____

Odpověď 3:

_____
_____
_____
_____

Třetí otázka: Jaké tři emoce máte, když pomyslíte na peníze?

TŘETÍ OTÁZKA: Jaké tři emoce máte, když pomyslíte na peníze?

Odpověď 1:
___
___
___
___

Odpověď 2:
___
___
___
___

Odpověď 3:
___
___
___
___

A teď další otázka, otázka číslo čtyři: Jaké jsou pro vás peníze? Tři odpovědi. Jaké jsou pro vás peníze?

ČTVRTÁ OTÁZKA: Jaké jsou pro vás peníze?

Odpověď 1:

Odpověď 2:

Odpověď 3:

Další otázka: Jak vám peníze připadají?

PÁTÁ OTÁZKA: Jak vám peníze připadají?

Odpověď 1:
___
___
___
___

Odpověď 2:
___
___
___
___

Odpověď 3:
___
___
___
___

Všichni připraveni na další otázku? Jakou mají peníze chuť? Nechte si je procítit v ústech. Jak chutnají? Většina z vás neměla peníze v ústech od té doby, kdy jste byli dětmi, takže to můžete použít jako bod, od kterého se můžete odrazit.

ŠESTÁ OTÁZKA: Jak vám chutnají peníze?

Odpověď 1:
___
___
___
___

Odpověď 2:
___
___
___
___

Odpověď 3:
___
___
___
___

Další otázka, jste připraveni? Když si představíte peníze, jak k vám přicházejí, z jakého směru jdou? Zprava, zleva, zezadu, zepředu, seshora, zespoda, ze všech stran? Odkud k vám proudí?

SEDMÁ OTÁZKA: Pokud si představíte peníze, jak k vám přicházejí, z jakého směru jdou?

Odpověď 1:

___

Odpověď 2:

___

Odpověď 3:

___

Dobře a další otázka: Ve vztahu k penězům, cítíte, že jich máte více, než potřebujete, nebo méně, než potřebujete?

OSMÁ OTÁZKA: Ve vztahu k penězům, cítíte, že jich máte více, než potřebujete, nebo méně, než potřebujete?

Odpověď 1:

_____
_____
_____
_____

Odpověď 2:

_____
_____
_____
_____

Odpověď 3:

_____
_____
_____
_____

Další: Ve vztahu k penězům, když zavřete oči, jakou mají barvu a kolik mají dimenzí?

DEVÁTÁ OTÁZKA: Ve vztahu k penězům, když zavřete oči, jakou mají barvu a kolik mají dimenzí?

Odpověď 1:

Odpověď 2:

Odpověď 3:

DESÁTÁ OTÁZKA: Ve vztahu k penězům, co je lehčí, jejich příliv nebo odliv?

Odpověď 1:
___
___
___
___

Odpověď 2:
___
___
___
___

Odpověď 3:
___
___
___
___

Další otázka: Jaké jsou vaše tři nejhorší problémy s penězi?

JEDENÁCTÁ OTÁZKA: Jaké jsou vaše tři nejhorší problémy s penězi?

Odpověď 1:
_____
_____
_____

Odpověď 2:
_____
_____
_____

Odpověď 3:
_____
_____
_____

Další otázka: Čeho máte víc, peněz nebo dluhů?

DVANÁCTÁ OTÁZKA: Čeho máte víc, peněz nebo dluhů?

Odpověď:

Dáme vám teď další otázku: Ve vztahu k penězům, k tomu, mít v životě hojnost peněz – jaké tři věci by byly řešením pro vaši současnou finanční situaci?

TŘINÁCTÁ OTÁZKA: Ve vztahu k penězům, k tomu, mít v životě hojnost peněz – jaké tři věci by byly řešením pro vaši současnou finanční situaci?

Odpověď 1:
_____
_____
_____
_____

Odpověď 2:
_____
_____
_____
_____

Odpověď 3:
_____
_____
_____
_____

Fajn, máte všichni odpovědi? Je tu někdo, kdo nemá? Dobře, takže teď se vraťte na začátek, znovu si pročtěte otázky a zeptejte se, jestli jste k sobě byli v odpovědích zcela upřímní a jestli si je tak přejete nechat napsané. Pokud ne, změňte je.

Podívejte se na odpovědi a rozhodněte, jestli jste je vytvořili v upřímnosti, v upřímnosti se sebou samými. Neexistují žádné správné odpovědi, neexistují žádné špatné odpovědi, jsou pouze úhly pohledu – to je všechno, co tady je – úhly pohledu. A to jsou omezení, z nichž jste si vytvořili život. Pokud fungujete z toho, čemu se říká správná odpověď vesmíru, nejste pravdiví sami k sobě, protože kdybyste byli, váš život by byl úplně jiný.

Co jsou peníze? Pro někoho jsou peníze auta, pro někoho domy, pro někoho jistota, pro někoho jsou peníze vyměňováním energií. Ale jsou jimi? Ne, nejsou. Jsou energií stejně tak, jako jste energií vy. Není žádný rozdíl mezi vámi a penězi, kromě úhlů pohledu, které jim dáváte. A vy jim tyto úhly pohledu dáváte, protože jste je nakoupili z úhlů pohledu druhých lidí.

Kdybyste změnili svou finanční situací, kdybyste změnili to, čím jsou peníze ve vašem životě, pak byste se museli naučit být dovolením vůči všemu. Ale především, pokud vyslechnete úhel pohledu, který vám někdo řekne, musíte se na něj podívat a zjistit, jestli je pro vás pravdou. Pokud je pro vás pravdou, přikloníte se na jeho stranu a budete s ním souhlasit a učiníte ho pevným. Pokud pro vás pravdou není, vzdorujete mu nebo na něj reagujete a učiníte ho pevným. Dokonce ani vaše vlastní úhly pohledu nepotřebují žádné odsouhlasení, musí být jen zajímavými úhly pohledu.

Čím jste, čím byste měli být, tím musíte BÝT. To, co v sobě nemáte, nemůžete mít vůbec. Pokud vidíte peníze mimo sebe, nemůžete je mít. Pokud vidíte peníze kdekoli mimo sebe, nikdy je mít nebudete a z vašeho pohledu jich nikdy nebude dost.

$$\$$$

PRVNÍ KAPITOLA

Co jsou peníze?

Rasputin: Dobře, takže všichni připraveni? Vše hotovo? Jste spokojeni s vašimi odpověďmi? Dobře. Takže teď začneme mluvit o penězích. Začněme tímhle. Díváte se na svůj život skrz finanční situaci, ve které se nacházíte, nakupujete úhel pohledu, že se váš život, jaký právě je, rovná vaší finanční realitě. Zajímavý úhel pohledu.

Nyní pohovoříme, jako už mnohokrát, o rozdílu mezi dovolením a přijetím. Dovolení: Jste kamenem v proudu řeky a každá myšlenka, nápad, přesvědčení nebo rozhodnutí, se kterým se setkáte, vás obejde a pluje dál, pokud jste kamenem v proudu a pokud jste v dovolení. Pokud jste v přijetí, pak když k vám přijdou všechny nápady, myšlenky, přesvědčení, rozhodnutí, stanete se součástí proudu a odnese vás to.

Přijetí má tři složky: připojení se nebo souhlas, které ho učiní pevným, vzdor, který ho učiní pevným a reakci, která ho učiní pevným. Jak to vypadá v reálném životě? Kamarád řekne: „Na světě není dost peněz." Pokud se k němu přidáte nebo s tím budete souhlasit, řeknete mu: „Ano, máš pravdu," a vytvoříte to v jeho i ve svém životě pevným. Budete-li tomu vzdorovat, pomyslíte si: „Ten maník po mně chce peníze," a učiníte to pevným v jeho i ve vašem životě. Pokud budete v reakci, řeknete: „No, já mám v životě dost peněz, nevím, co děláš blbě," nebo řeknete: „Tohle není nic pro mě," a koupíte to, zaplatíte za to a odnesete si to domů v tašce a sami pro sebe to uděláte pevným.

Jestliže vám kamarád řekne: „Na světě není dost peněz," je to pouze zajímavý úhel pohledu. Kdykoliv uslyšíte jakoukoliv informaci o penězích, musíte okamžitě uznat, že to je jen zajímavý úhel pohledu – nemusí to být vaše realita, nemusí to být to, co se děje. Jestli si myslíte, že je lepší půjčovat si, než splácet, pak jste to udělali pevným a vytvořili jste si permanentní dluh. Přitom je to jen zajímavý úhel pohledu.

Co jsou peníze? Někdo z vás si myslí, že peníze jsou zlato, někdo z vás si myslí, že peníze jsou auta, někdo z vás si myslí, že peníze jsou domy, někdo z vás si myslí, že peníze jsou výměna energií, někdo z vás si myslí, že je to prostředek směny. Všimněte si, že každý z těchto úhlů pohledu je pevný. Peníze jsou pouze energie. Na světě není nic, co by nebylo energií.

Podíváte-li se na své životy a pomyslíte si, že nemáte dost peněz, říkáte tím andělům, kteří vedle vás sedí a kteří vám pomáhají, že nepotřebujete další peníze, že nepotřebujete energii. Ve skutečnosti ji nepotřebujete, jste energií a nemáte ji vůbec nijak omezenou. Máte energie víc než dost na to, abyste ve svém životě udělali všechno, po čem toužíte, ale nevybíráte si, abyste sami sebe vytvořili jako peníze, jako energii, jako moc.

Co pro vás znamená moc? Pro většinu z vás je moc o přemožení někoho jiného nebo o ovládnutí druhého, nebo o ovládnutí vašeho života, o uvedení kontroly do vašeho života nebo o ovládání vašeho finančního osudu. Zajímavý úhel pohledu, že?

Finanční osud, co to znamená? Je to podivný program, to je to, co je program osudu. Pokaždé, když řeknete: „Musím mít program finanční svobody," říkáte si, že vy osobně nemáte svobodu. A proto máte celkově omezené možnosti a to, co zažíváte.

Nyní vás všechny požádáme, abyste zavřeli oči a začali táhnout energii zepředu, vtáhněte ji do všech pórů svého těla. Nevdechujte ji, jen ji vtáhněte. Dobře, a teď ji vtáhněte zezadu do vás, odevšad. A teď ji vytáhněte ze stran a vtáhněte ji zespodu. Všimněte si, že máte dostatek energie, kterou máte k dispozici, když ji vtahujete dovnitř. Nyní ji proměňte v peníze. Všimněte si, jak u většiny z vás najednou velmi zhoustla. Už to nebyla energie, kterou jste vtahovali, bylo to něco významného. Koupili jste si myšlenku, že peníze jsou významné, a proto jste je učinili pevnými, přidali jste se k dohodě zbytku světa, který takhle funguje. Funguje na energii. Svět nefunguje na penězích, svět funguje na energii. Svět platí mincemi energie, a pokud budete dávat a přijímat peníze jako energii, budete mít hojnost.

Ale pro většinu z vás je příliv energie pouhou kategorií, je to myšlenka. Znovu vtáhněte energii do celého svého těla, vtahujte ji, vtahujte ji. Dokážete se jí držet? Vypadá to, že se zvětšuje a je větší? Přestává být větší kvůli vám? Ne, jste jen energie a směr, kterým soustředíte svou pozornost, je způsob, jakým energii vytváříte. Peníze jsou stejné.

Všechno na světě je energie. Neexistuje místo, ze kterého byste nemohli energii obdržet. Můžete přijímat energii z psího hovínka na zemi, z čůránek ve sněhu nebo ji můžete cítit z auta nebo z řidiče taxíku. Uvědomujete si to? Energii získáváte ze všeho. Nyní si vezměte třeba toho taxikáře a nechte směrem k němu proudit velké množství peněz, které jde zepředu z vašeho těla tak, jak by to udělal každý taxikář. Nechte je proudit víc, víc, víc a víc. Všimněte si nyní té energii, kterou vtahujete zády. Omezujete nějak množství energie, které vám jde do zad?

Odkud se peníze berou? Pokud vidíte, jak k vám přicházejí z pravé strany nebo zleva, vidíte, že váš život je o práci, protože to je jediný způsob, jak můžete peníze dostat. Pokud je vidíte, jak k vám přicházejí zepředu, vidíte, že patří budoucnosti. A pokud vidíte, že k vám přicházejí zezadu, vidíte, že k vám přicházejí z minulosti. A to je ten jediný prostor, ze kterého jste měli peníze. Váš život je o: „Měl jsem peníze, teď nemám žádné, proto tak fňukám." To není realita, pouze zajímavý úhel pohledu.

Nyní, když necháváte proudit peníze, proudí z vaší srdeční čakry, z vaší kořenové čakry nebo z vaší korunní čakry? Odkud je necháváte proudit? Necháváte je proudit ze všech stran, z vašeho celého bytí, a pak to proudí z vašeho celého bytí.

Pokud vidíte peníze, jak k vám přicházejí seshora, pak si myslíte, že ten, kdo vám má poskytnout peníze, je duch. Duch vám poskytuje energii, energii k vytvoření všeho, co se rozhodnete vytvořit. Co máte dělat, abyste vytvářeli peníze? Nejprve se musíte stát mocí. Moc neznamená klečet na druhých, moc neovládá. Moc je energie... neomezená, expanzivní, rostoucí, velkolepá, nádherná, báječná, veselá a pohotová energie. Je všude, energie je v celistvosti – sebe sama! A když jste sami sebou, jste energií, a jako energie je vše spojeno s vámi, což znamená, že jsou propojeny také neomezené zásoby peněz.

Teď se stanete mocí a uděláte to tak, že si každé ráno desetkrát řeknete: „Jsem moc." Čím dalším musíte být? Kreativitou. „Jsem kreativita." Co je tvořivost, kreativita? Kreativita je vize vašeho života a práce, kterou toužíte dělat, která je vaší podstatou, energií duše. Všechno, co děláte, je řízeno vaší kreativitou, bez ohledu na to, zda zametáte podlahu, čistíte toalety, umýváte okna, myjete nádobí, vaříte jídlo, vypisujete šeky. Kreativita propojená s mocí je energie a výsledkem jsou peníze, protože ty jsou tím samým.

Další věc, kterou musíte mít, je vědomí. Co je vědomí? Vědomí je poznání, že všechno, všechno, na co pomyslíte, je vytvářeno. Projevuje se, zhmotňuje. Je to to, jak se váš život ukazuje, na základě myšlenek vás samotných.

Pokud máte kreativní představu o tom, kam jdete a co budete dělat, a připojíte k tomu vědomí, že se jedná o hotovou věc, projeví se to. Ale to, co děláte v této sféře, je, že přidáváte prvek času - čas! Čas je vaším zabijákem, protože pokud se u vás zítra neprojeví milion dolarů, rozhodnete se, jakmile tento kurz dnes večer skončí, že neměl žádnou cenu, a zapomenete všechno, co jste se naučili.

Takže jak se popasovat s časem? Tím, že budete kontrolou. „Jsem kontrola."

Co to znamená být „Jsem kontrola"? „Jsem kontrola" je porozumění, že ve správný čas, správným způsobem, aniž byste definovali cestu, to, co si představujete jako tvořivost, to, co si uvědomujete jako završení, to, s čím jste se spojili jako moc, jako energie, je hotová věc ve svém vlastním čase, ve svém vlastním rámci. A pokud dáte tyto čtyři komponenty dohromady a necháte vesmír upravit všechny aspekty, necháte ho vyladit svět tak, aby se stal vaším otrokem, projeví se přesně to, co si přejete.

Teď budeme chvilku mluvit o touze. Touha je emoce, z které se rozhodujete tvořit. Je to skutečnost? Ne, je to pouze zajímavý úhel pohledu. Pokud toužíte po oblečení, je to z nějakého důvodu nebo pro to, že je vám zima, nebo že je vám moc horko, nebo proto, že jste už prošlapali svoje boty? Ne, neděláte to z toho důvodu, děláte to z mnoha důvodů. Protože někdo vám řekl, že vám ta barva sluší, nebo pro to, že vám někdo řekl, že tohle tričko nosíte moc často, nebo protože si myslí… (Smích) Ano, jsme rádi, že jste se konečně trochu rozzářili. (Smích)

Dobře, takže touha je místem, kde do své naléhavosti, která je realitou, vkládáte emocionální potřebu. Vy, jako bytí, jako energie, jako tvořivost, jako vědomí a vy jako kontrola, vůbec po ničem netoužíte. Po ničem. Nemáte žádnou touhu. Nezajímá vás, co prožíváte, pouze si vybíráte prožívání. Ale co si v této sféře nevybíráte, je lehkost. Nevybíráte si lehkost, protože by to znamenalo, že musíte být mocí, protože to by znamenalo, že na této Zemi musíte projevovat mír, klid, radost, smích a slávu. Nejen pro sebe, ale i pro všechny ostatní.

Vybíráte si zmenšení sebe sama. Pokud se stanete mocí, kterou jste, to, co se od vás vyžaduje, je, abyste žili v radosti, lehkosti a slávě.

Sláva je bujnost výrazu života a hojnost ve všem.

Co znamená hojnost ve všem? Hojnost ve všem je porozumění a realita, že jste na této úrovni spojeni se všemi bytostmi, se všemi molekulami, které vás podporují, a podporují energii a moc, kterými jste. Pokud fungujete jako cokoli menšího, jste slaboch.

Z oslabení finanční nejistoty, se vytváříte malými, neschopnými, a ještě něčím dalším. Neochotnými. Jste neochotní přijmout výzvu, kým skutečně jste, protože jste moc, jste kontrola, jste vědomí a jste kreativita. A tyto čtyři elementy vytvářejí vaši hojnost. Staňte se jimi, používejte je každý den po zbytek svého života, nebo do té doby, dokud se jimi sami nestanete. A můžete k nim přidat ještě jeden prvek. Můžete říct: „Jsem peníze, jsem peníze." Dobře, takže vás teď všechny požádáme, abyste s námi opakovali. Uděláme nějaká „Já jsem." Dobře? Dobře, tak začneme:

Jsem moc. Jsem vědomí. Jsem kontrola. Jsem kreativita. Jsem peníze. Jsem kontrola. Jsem moc. Jsem vědomí. Jsem kreativita. Jsem moc. Jsem vědomí. Jsem kontrola. Jsem kreativita. Jsem peníze. Jsem vědomí. Jsem moc. Jsem kontrola. Jsem vědomí. Jsem moc. Jsem kontrola. Jsem peníze. Jsem kreativita. Jsem radost. Dobře.

Nyní vnímejte svou energii a vnímejte expanzi, kterou z ní cítíte. To je pravda o vás a toto je místo, ze kterého vytváříte tok peněz. Každý z vás má tendenci vměstnat se malého hájemství, kterému říkáte tělo a začnete přemýšlet. Přestaňte přemýšlet, mozek je pro vás zbytečný nástroj, zahoďte ho a začněte fungovat jako vaše pravda, moc sebe sama, expanze vás. Buďte tím naplno. Nyní se každý z vás vměstnejte do svého finančního světa. Je to dobrý pocit?

Student: Ne.

R: Správně. Tak proč jste si vybral tam žít? Z jakého omezujícího přesvědčení fungujete? Napište si to.

Z jakého omezujícího přesvědčení, které vytvořilo váš finanční svět, v životě fungujete?

Odpověď:
_____

Nyní zůstáváte v expanzi jako moc a díváte se na finanční svět, který jste ve svém nitru vytvořili, nikoli jako realitu, ale jako prostor, ze kterého fungujete. Jaké omezující přesvědčení musíte mít, abyste takhle mohli fungovat? Nevtahujte se zpět do svých těl, cítíme, že to děláte. Dotkněte se prostoru, nebuďte v něm. Děkuji, takhle to má být. Expandujte tam, ano, takhle. Nestahujte se zpět do tohoto prostoru. Zase to děláte. Jděte ven.

Jsem moc. Jsem vědomí. Jsem kontrola. Jsem kreativita. Jsem peníze. Jsem moc. Jsem kontrola. Jsem kreativita. Jsem peníze. Jsem moc. Jsem kontrola. Jsem kreativita. Jsem peníze. Jsem moc. Jsem kontrola. Jsem kreativita. Jsem peníze. Jsem vědomí. Jsem vědomí. Jsem vědomí. Děkuji.

Teď jste mimo svoje tělo. Vždycky si vybíráte zmenšit se na velikost svého těla. Pak si vybíráte omezení o tom, co můžete přijímat, protože si myslíte, že pouze těla přijímají energii peněz, což není pravda. Je to lež, ze které fungujete. Dobře, jste v ještě větší expanzi? Dobře, teď když jste se na to podívali, každý má nějakou odpověď? Kdo nemá odpověď?

S: Já nemám.

R: Dobře. Nemáte odpověď? Tak se na to podíváme. Za jakou považujete svou finanční situaci? Navnímejte si to ve svém těle – v jakém místě to je?

S: V očích.

R: Ve vašich očích? Vaše finanční situace je v očích, takže nevidíte, co vytváříte?

S: Ano.

R: Takže vědomí máte v očích? Zajímavé, teď jste z toho místa začal odcházet, všiml jste si? Ano, jdete pryč. Omezující přesvědčení, ze kterého fungujete, je „Nejsem natolik prozíravý, abych věděl, co se stane a jak to kontrolovat". Je to pravda?

S: Ano.

R: Dobře. Takže jak se z tohoto přesvědčení dostanete? Už jste všichni přišli na přesvědčení, ze kterého fungujete? Je tu ještě někdo, kdo s tím potřebuje pomoct?

S: Já.

R: Ano? Jaká je vaše finanční situace a kde v těle ji cítíte?

S: Na solaru plexus a v krku.

R: Dobře. O čem je solar plexus a krk? Jděte do toho, navnímejte to jako celek, navnímejte to, ano, tam, právě tam. Dobře, všimněte si, že je to čím dál těžší. Ano, stále více se to podobá pocitu z finanční situace, se kterou máte zkušenost. Přesně tak se cítíte, kdykoli se dostanete do finančních potíží, ano? Dobře, tak to teď otočte a nechte to jít opačným směrem. Cítíte to? Teď se to mění, že?

S: Uf.

R: Při úvahách o financích vycházíte z toho, že nemáte moc ani hlas, abyste deklarovali svou pravdu a změny se mohly dít.

S: Jo.

R: Ano, přesně. Dobře. Vidíte. Teď pro všechny. Teď chápete tuhle metodu. Takhle můžete obrátit účinky, které jste vytvořili ve svých vlastních tělech, ve svém vlastním světě. Tam, kde ve svém těle pocítíte svá omezení týkající se financí, zvrátíte je a necháte je odejít, aby byly mimo vás, a ne ve vás. Aby přestaly být vaší součástí a staly se zajímavým úhlem pohledu. Protože pokud jsou uvnitř vás, jsou vaším úhlem pohledu, který můžete nyní nahlédnout. A pokud fungujete z omezení velikosti vašeho těla, vytváříte také omezení pro vaši duši. Komu se teď motá hlava? Je tu někdo takový?

S: Já.

R: Motá se vám trochu hlava? Ok. Takže malinko závrať? Proč ji máte? Není to proto, že cítíte, že se to týká peněz? Že vás jakoby vytáčí, že nevíte, jak s nimi nakládat? Dejte si závrať mimo hlavu. Vnímejte to, vnímejte to. Teď jste expanzí. Teď už to nevidíte jako něco, co máte v hlavě mimo kontrolu. Neexistuje nic jako být mimo kontrolu. To je úplná kravina! Jediné, co vás kontroluje, jsou červená světla, ze kterých fungujete, a zelená světla, která vám říkají, abyste jeli, pokud řídíte auto. Proč byste se těmito zelenými a červenými světly řídili, když jste v těle? Pavlovův výcvik? Teď vás poprosíme, abyste se vrátili ke svým původním otázkám. Jak zněla první otázka?

S: Co jsou peníze?

R: Co jsou peníze? Co jsou pro vás peníze? Vaše odpovědi?

S: Moje první odpověď byla moc. Moje druhá odpověď byla mobilita a třetí byla růst.

R: Dobře. Takže které z nich jsou pravda?

S: Moc.

R: Opravdu?

S: Moc, to je stoprocentní pravda.

R: Je to skutečně pravda? Myslíte si, že peníze jsou moc? Máte peníze?

S: Ne.

R: Takže nemáte žádnou moc?

S: Ano.

R: Takhle se cítíte? Bezmocná? Kde se cítíte bezmocná?

S: Když to takhle říkáte, tak to cítím na solaru plexus.

R: Ano, takže co uděláte? Dejte to pryč.

S: Ale víte, když jsem vnímala peníze, tak jsem je cítila v srdci, a když teď musím něco udělat, cítím kde...

R: Ano, protože to je o moci, problematiku moci cítíte na solaru plexus. Prodala jste svoji moc a dala jste ji pryč. Musíte ten proud otočit na druhou stranu. Moc je vaše, vy jste moc. Nevytváříte moc, vy jí jste. Cítíte to tam? Když se toho zbavíte, znovu začnete expandovat. Neřešte to hlavou, nepřemýšlejte o tom, ciťte to! Ano, vytlačte moc ven.

Co to teď znamená? To je pro vás všechny. Realitou je, že považujete peníze za moc a cítíte, jak se pohybují směrem k vám. Snažíte se vytvořit moc, a tím už vlastně předpokládáte, že žádnou nemáte. To je základní předpoklad. Všechno, co drží vaši pozornost, je pravda s přiloženou lží.

S: Můžete to prosím zopakovat?

R: Všechno, co drží vaši pozornost... to o té moci?

S: Ano.

R: Když cítíte moc, jak do vás přichází, už tím předpokládáte, že žádnou nemáte. Předpokládali jste to. Co to s vámi udělá? Zmenší vás to. Netvořte z předpokladů, z domněnek, že peníze jsou moc – vnímejte to. Peníze jako moc – je to pevné stanovisko nebo zajímavý úhel pohledu? Zkuste si to. Pokud jsou peníze moc, vnímejte jejich energii. Je to pevné, že ano? Můžete fungovat z energie a zároveň z této pevnosti? Ne, protože to je prostor, ze kterého si vytváříte krabici, ve které žijete a kde jste všichni chyceni. Právě teď! A to všechno z myšlenky, že peníze jsou moc. Jaká byla další odpověď?

S: Má další odpověď byla mobilita.

R: Mobilita?

S: Ano.

R: Peníze vám umožní se pohybovat?

S: Ano.

R: Opravdu? Nemáte žádné peníze a podařilo se vám přijet z Pensylvánie do New Yorku.

S: No, když to řeknete takhle...

R: Podařilo?

S: Ano.

R: A kolik energie, která vás změnila, se vám tady dostalo?

S: No, mnohem více než té se sem dostat. Je to to, co jste mysleli?

R: Ano, to je ale zajímavý úhel pohledu, co říkáte? Jakým směrem proudíte víc? Víc ven nebo dovnitř?

S: No, z tohohle úhlu pohledu více dovnitř.

R: Dobře. Ale vidíte, stále si myslíte, že se zmenšujete, protože dostáváte energii, ale nevidíte peníze jako energii, která k vám může přicházet. Energii ovšem vítáte s velkou radostí, že ano?

S: Ano.

R: S velkou radostí?

S: Ano.

R: A slávou. Navnímejte si teď energii slávy, kterou jste zažili v posledních dnech. Máte to?

S: Ano.

R: Přeměňte ji celou na peníze. Huhů, to by byla smršť, panečku!

S: (Smích).

R: Tak proč nedovolíte, aby to bylo součástí vašeho života nastálo? Protože sami sobě nedovolujete přijímat. Protože předpoklad je, že něco potřebujete. Jak je cítit potřeba?

S: Ne moc dobře.

R: Je to cítit jako pevné, že ano? To je víko na vaší krabici. *Potřeba*, to je jedno z nejsprostších slov ve vašem jazyce. Zahoďte ho! Vezměte ho, teď hned, napište ho na kousek papíru. Na samostatný papír. Napište "potřeba"! Vytrhněte ho z knihy a roztrhejte ho. Teď si ty roztrhané kousky dejte do kapsy, jinak bude mít D (jiný student) problém. (Smích) Dobře! Jaký je to pocit?

S: Dobrý.

R: Skvělý pocit, co? Takže kdykoliv se setkáte se slovem *potřeba*, napište si ho na papír, roztrhejte ho, dokud nezmizí z vašeho slovníku.

S: Můžu se na něco zeptat?

R: Ano, máte otázky?

S: Ano, o... Myslela jsem, že předtím, jak jste vysvětloval slova jako *moc, energie* a *vědomí*, že jsou zaměnitelná.

R: Ne tak docela. Pokud je učiníte významnými, učiníte je pevnými. Musíte se jich držet jen do té míry, jak proudí energie. Moc je energie, vědomí je energie, stejně, jako jí je absolutní vědění bez pochyb a bez výhrad. Pokud si pomyslíte: „Příští týden budu mít milion dolarů," a uvnitř uslyšíte slabý hlas, který říká: „Chceš vsadit?" nebo ten, který říká: „Jak to uděláš?" nebo „Bože můj, nemohu uvěřit, že jsem se tak zavázala!" už tím vytváříte pravý opak bodu, ke kterému nelze dojít v časové posloupnosti, kterou jste pro něj vytvořili, což je otázka kontroly.

Řeknete-li si: „Přála bych si mít v bance milion dolarů," a víte, že to tak bude, a časově to neohraničíte," protože vy jste tím, kdo má kontrolu sledovat mysl prostřednictvím různých procesů, a pokaždé, když se objeví myšlenky vytvářející pravý opak, pomyslíte si: „Zajímavý úhel pohledu," a vymažete je. Je to velmi rychlý proces. Pokaždé, když si pomyslíte něco, co nevymažete, prodlužujete tím čas, než to přestane existovat.

Odříznete se od toho. Pokud se na to podíváte od základu, řekněme, že máte golfové odpaliště. A vaše pozice je tady a vy ten nápad s miliony dolary postavíte na vrchol vaší pozice. Pokaždé když něco řeknete, když si pomyslíte něco negativního o tom, co jste se rozhodli vytvořit, podřežete základnu dokud nespadne a nepřestane existovat. A pak ji postavíte znovu, a znovu se rozhodnete, ale zase ji začnete souvisle podřezávat. Vyváženost tkví v tom, že to musíte pochopit a musíte si udržet vědění jako realitu a brát to tak, jako že to už existuje. A nakonec ve vaší časové posloupnosti dohoníte to, co jste si vytvořili. Jen tak toho dosáhnete, budete to mít a bude to vaše. Dobře, vrátíme se k vaší odpovědi číslo dvě, k mobilitě. Co je mobilita? Pohybovat svým tělem kolem dokola?

S: No, tak jsem to myslela.

R: Myslela jste to jako pohybovat tělem nebo jste to myslela jako svobodu?

S: Obojí.

R: Obojí?

S: Ano.

R: Dobře, takže ještě jednou. Předpoklad je, že to nemáte. Všimněte si, že to jsou vaše předpoklady, které jsou negativními úhly pohledu a které vám *nedovolují, které vám nedovolují,* přijímat to, po čem v životě toužíte. Pokud řeknete: „já potřebuji," nebo „já chci svobodu," automaticky si vytváříte úhel pohledu, že ji nemáte. A to není ani moc, ani vědomí, ani kontrola, ani kreativita. No, vlastně to je svého druhu kreativita. Vytvořili jste si to a udělali jste to svojí realitou, ze které fungujete. Vědomí je proces, díky němuž si budete vytvářet život, ne díky předpokladům. Nemůžete fungovat na základě domněnek, to byla téměř aliterace, čas napsat si vlastní báseň. Dobře, takže třetí odpověď.

S: Třetí byla růst.

R: Vyrostla jste málo za posledních 20 let?

S: No, růst, myslela jsem, že potřebuji cestovat, abych...

R: Co jste to řekla?

S: Že bych byla ráda, kdybych mohla cestovat...

R: Co jste to řekla?

S: Řekla jsem: „Ráda bych", aha, řekla jsem „potřebuji."

R: Ano, napište si to a roztrhejte to. (Smích). Ještě raději na menší kousky.

S: Radši ano. No, ráda bych cestovala, když slyším o různých úžasných workshopech, na kterých bych se mohla něco naučit.

R: Zajímavý úhel pohledu. Jaký je vás automatický úhel pohledu, domněnka, ze které fungujete? „Že si to nemohu dovolit." „Že nemám dost peněz." Navnímejte svoji energii. Vnímejte ji. Jaké to je?

S: Teď to cítím jako velmi expanzivní.

R: Dobře, ale když to říkáte, jaké to je?

S: Když říkám co?

R: Když se domníváte, že nemáte dost peněz.

S: Aha, no cítím se zmenšená...

R: Dobře, musíte z tohoto místa fungovat dál?

S: Doufám, že ne.

R: Doufáte, že ne? Zajímavý úhel pohledu.

S: Jsem si jistá.

R: Vědomí, vědomí, pokaždé, když se tak budu cítit, probuď se!!

Jakmile se tak budete cítit, přestáváte být pravdivá sama k sobě. Už nejste mocí, vědomím, kontrolou, kreativitou nebo penězi. Dobře, takže ještě někdo má nějaké úhly pohledu a domněnky o tom, co pro něj jsou peníze, které by chtěl vyjasnit?

S: Ano.

R: Ano?

S: Moje první odpověď byla kosmické palivo.

R: Kosmické palivo? To je to, čemu skutečně věříte? Jaká je za tím domněnka? Že nemáte žádné kosmické palivo? Domněnka za tím je, že nemáte žádné kosmické palivo. Že nejste spojen s vesmírem a že nejste vědomím. Je něco z toho pravda?

S: Ne.

R: Ne, není. Tak nefungujte z domněnek, fungujte z reality. Máte kosmické palivo, máte ho spoustu, spoustu, hojnost. Ano, přesně tolik. Chápete to? Chcete se zeptat ještě na nějaký úhel pohledu?

S: Ano, měl jsem finanční polštář na přežití.

R: Ach, velmi zajímavý úhel pohledu. Řekl bych, že je tady dalších šest nebo sedm lidí, kteří mají podobný úhel pohledu. Jaký je předpoklad, ze kterého tady fungujete? V tomto případě tu jsou konkrétní tři. Podívejte se na ně, co vidíte, co předpokládáte? Jako první věc předpokládáte, že přežijete nebo že musíte přežít. Kolik miliard let vám je?

S: Šest.

R: Přinejmenším. Takže už přežíváte šest miliard let. Do kolika životů jste byl schopný nosit si s sebou polštář? (Smích) Co?

S: Do všech.

R: Do všech předchozích životů jste si nosil finanční polštář na přežití?

S: Ano.

R: Když mluvíte o přežití, mluvíte o svém těle. Předpokládáte, že jste tělo a že jen s penězi můžete přežít. Přestaňte dýchat a vdechujte energii do solaru plexus, nenasávejte do něj velké množství vzduchu. Všimněte si, že můžete nabrat tři až čtyři nádechy energie, než pocítíte, že máte začít dýchat, a vaše tělo bude zaktivované. Ano, takhle. Teď můžete dýchat energii, jako když dýcháte vzduch. Tak se stáváte energií a penězi. Každým nádechem vdechujete energii, každým nádechem vdechujete peníze. Není žádný rozdíl mezi vámi a penězi. Dobře, Chápete to teď? Vysvětlil jsem to?

S: Jestli jsem to pochopil?

R: Porozuměl jste, jak fungujeme a co tady bylo za domněnku?

S: Ano.

R: Dobře a potřebujete ho ještě?

S: Ne.

R: Dobře, takže co s tím můžete udělat? Změnit to, všichni můžete tyhle věci změnit, dát pryč domněnky a předpoklady a vytvořit nové úhly pohledu jako je moc, energie, kontrola, kreativita a peníze. Jaký nový úhel pohledu budeš mít?

S: Že jsem moc, že jsem energie.

R: Přesně tak a vy jste, že? Vždycky jste jimi byl? Jaký to zajímavý úhel pohledu. Dobře, takže další otázka, je tu nějaký dobrovolník?

S: Říkal jste, že s tím polštářem tam jsou tři domněnky.

R: Ano.

S: Ale dostali jsme se jen k jedné, nebo ne?

R: Ke dvěma.

S: Ke dvěma? Musím přežít.

R: Přežiji, musím přežít, nemohu přežít.

S: Ok.

R: A jaká je ta třetí? Přemýšlejte o tom. Nejsem ochotný přežít. Nevyřčený úhel pohledu.

DRUHÁ KAPITOLA

Co pro vás znamenají peníze?

Rasputin: Přečtěte prosím druhou otázku a odpovědi.

Student: Co pro vás znamenají peníze?

R: Jaká je vaše první odpověď?

S: Zajištění.

R: Zajištění, jak jsou peníze zajištěním?

S: Pokud je máte, zajišťujete si svou přítomnost a budoucnost.

R: Zajímavý úhel pohledu. Je to pravda, je to skutečné? Jestliže máte peníze v bance, která zkrachuje, jste zajištěný? Pokud máte peníze v domě, který shoří v den, kdy jste zapomněli prodloužit pojistku, budete zajištěný?

S: Ne.

R: Existuje pouze jediná jistota a tu nevytvářejí peníze. Jistota je ve vaší pravdě jako vaše bytí, duše, jako jeden ze světla. A z toho tvoříte. Jste moc a energie. Jako moc, jako energie máte pouze jistotu pravdy, která tady je. Kdybyste žili v Kalifornii, věděli byste, že tam neexistuje jistota, protože všechno, co je pod vašima nohama, se hýbe. Ovšem tady, na Východním pobřeží považujete půdu za bezpečnou, ale není to tak. To, co nazýváte světem, není pevné místo, je to energie. Jsou tyto stěny pevné? I vědci vám řeknou, že nejsou. To se jen molekuly hýbou trochu pomaleji, a proto se zdají být pevné.

Jste pevní? Jste jistota? Ne, jste prostor mezi hromadou molekul, které jste vytvořili a zformovali tak, aby vypadaly jako pevné. Je to bezpečí? Kdybyste byli zajištěni penězi, mohli byste si je odnést, až umřete? Dokázali byste získat nové tělo, vrátit se sem zpět a v příštím životě si ho vzít? Je to tedy opravdu jistota, kterou kupujete za peníze, znamená to opravdu zajištění, nebo je to jen to, jak jste si vytvořili život, jen úhel pohledu, který jste si vzali, který jste nakoupili od druhých?

S: Říkáte mi, že pokud myslím jako peníze, můžu je vytvořit?

R: Ano. Ne pokud myslíte, ale pokud jimi JSTE!

S: Jak se stanu penězi?

R: Nejdříve musíte mít vizi svého života a to uděláte prostřednictvím „Já jsem kreativita." Jste kreativitou jako vizí. Pomocí „Já jsem moc," jste energií. Pomocí „Já jsem vědomí" jste věděním, že svět bude přesně takový, jak ho vidíte. A pomocí „Já jsem kontrola," ne ve smyslu skutečného zájmu o to, jak se tam dostanete, ale s vědomím, že vesmír pohne kolečky k dosažení vaší vize, pokud si udržíte svou moc a budete udržovat své vědomí v souladu s tím, co děláte. Pak, pokud máte tyto čtyři prvky na místě, může přijít „Já jsem peníze".

A můžete použít tohle, můžete říct: „Jsem moc. Jsem vědomí. Jsem kontrola. Jsem kreativita. Jsem peníze." A používat to ráno a večer, dokud se nestanete penězi, kreativitou, vědomím, kontrolou a mocí. Tak se stanete penězi. Tím „JSEM" a být tím. Protože takhle teď tvoříte sami sebe. Pokud vytváříte sami sebe z úhlu pohledu „Získáváním peněz budu zabezpečený," co to je? Je to časová posloupnost, budoucnost, je to tak?

S: Ano.

R: Tím pádem toho nikdy nemůžete dosáhnout...

S: Musíme být vždycky v přítomnosti?

R: Ano! "JSEM" vás pokaždé posune do přítomnosti. Takže jaké další úhly pohledu o penězích máte, co pro vás znamenají?

S: No, zajištění byl můj hlavní, protože ty další dva byly domov a budoucnost. Ale kdybych měl jistotu, měl bych zajištěný domov a budoucnost také. Takže to je…

R: Opravdu? Je to skutečně pravda?

S: Ne, ne, ne, to není. Chápu, čím jste mě teď provedl, tou mojí potřebou být v jistotě.

R: Ok, dobře.

S: Rozumím těm „JSEM".

R: Ano. Někdo další má nějaký úhel pohledu, který by chtěl objasnit?

S: Štěstí.

R: Štěstí, za peníze si kupujete štěstí?

S: Myslím, že ano.

R: Opravdu? Máte v kapse nějaké peníze?

S: Něco málo.

R: Jste šťastný?

S: Uf, uf.

R: Takže za peníze jste si to nekoupil?

S: Ne.

R: To je v pořádku, tvoříte si štěstí, tvoříte si v životě radost, ne peníze. Za peníze si štěstí nekoupíte, a pokud máte úhel pohledu, že ano, a tak když nemáte peníze, jak můžete být šťastný? A soud, který za tím hned jde, je „Nemám dost peněz na to, abych byl šťastný." A dokonce, i když jich pak budete mít víc, nikdy jich nebudete mít tolik, abyste byl šťastný. Je vám to jasné? Co na to říkáte?

S: Já jsem stále šťastný, i když nemám peníze. Ale když vím, že mám ve čtvrtek někomu něco zaplatit a že nemám peníze, tak mě to hodí do špatné nálady.

R: Aha, tak takhle, teď se k tomu konečně dostáváme – čas. Jak si vytváříte peníze?

S: Zaměstnáním, prací.

R: To je zajímavý úhel pohledu. Myslíte si, že můžete přijímat pouze z práce?

S: Taková je moje zkušenost.

R: Jaký úhel pohledu přišel dřív? Myšlenka, že musíte pracovat pro to, abyste dostal peníze, nebo zkušenost?

S: Myšlenka.

R: Dobře. Tu jste si vytvořil, je to tak?

S: Ano.

R: Takže vy jste za to zodpovědný. Vytvořil jste si svět přesně podle vašeho myšlenkového vzoru. Zahoďte mozky, lezou vám do cesty! Myslíte si, že nezbohatnete, že budete mít různá omezení. Tenhle myšlenkový proces vám vleze do cesty a vy se pak zmenšíte, budete sám sebe omezovat tím, čeho docílíte a co dostanete. Vždycky jste byl schopný vytvořit štěstí, nebo ne?

S: Ano.

R: Jsou to jen účty, které vám to kazí, je to tak?

S: Ano.

R: Protože to, co děláte, je, že si myslíte, že máte představu toho, jaký by byl váš život, kdybyste měl peníze.

S: Ano.

R: Navnímejte si tu představu. Teď. Jaká je? Lehká nebo těžká?

S: Lehká.

R: A když jste teď v téhle lehkosti, víte, že zaplatíte všechno, co zaplatit máte?

S: Mohl byste to zopakovat?

R: V téhle lehkosti víte, vaše vědomí, že vždycky zaplatíte to, co zaplatit máte?

S: Ano.

R: Víte to? Jste si absolutně vědomý a jste si tím jistý?

S: Že musím všechno, za co jsem dlužen, zaplatit?

R: Ne, že musíte. Že to zaplatíte.

S: Ano, myslím, že ano.

R: Oh, zajímavý úhel pohledu, že myslím, že ano. Když myslíte na to, že to zaplatíte, chcete to zaplatit nebo se tomu bráníte?

S: Bráním se tomu.

R: Ano, bráníte se tomu. Bráníte se zaplacení. Jaký je smysl se tomu bránit?

S: To nevím.

R: Jaký úhel pohledu, bránit se zaplacení, pod tím leží? Kdybyste měl dost peněz, zaplatil byste své účty?

S: Ano.

R: Takže jaký nevyřčený úhel pohledu pod tím je?

S: Že se bojím o peníze, že nechci platit.

R: Že nebude mít dost?

S: Ano.

R: Ano, to je nevyjádřený úhel pohledu, to je to, na co se nemůžete dívat, a to vás přivádí do nesnází. Protože to je to místo, ze kterého tvoříte. Z úhlu pohledu, že tady není dost. Takže jste si vytvořil realitu, že tu není dost?

S: Ano.

R: Je to to místo, ze kterého fungujete?

S: Nerozumím tomu, co mi říkáte.

R: Líbí se vám fungovat z pocitu „není dost"?

S: Ano.

R: Jaká je hodnota vybírat si „není dost"?

S: Žádná.

R: Musí být, jinak byste si jí nevybral.

S: Nemají tyhle obavy všichni?

R: Ano, všichni máte strach, že nebude dost, a všichni fungujete z jistoty, že nebude dost, a proto hledáte bezpečí, a proto hledáte štěstí, a proto hledáte domov, a proto hledáte budoucnost, přestože ve skutečnosti jste vytvořili každou budoucnost, kterou jste kdy měli. Každou minulost, každou přítomnost a každou budoucnost vytváříte vy. A odvedli jste bezvadnou práci, když jste je vytvářeli přesně tak, jak jste si mysleli. Pokud si myslíte, že něčeho není dost, co vytváříte?

S: Že toho není dost.

R: Přesně, nebude toho dost. Teď si můžete pogratulovat za dobře odvedenou práci. Odvedli jste bezvadnou, skvělou práci vytvořit si „není dost". Blahopřeji, jste skvělí a velkolepí tvůrci.

S: Tvořící nic.

R: Něco jste přece jen vytvořili, dluhy. Není to tak?

S: Ano, to je pravda.

R: Byli jste velmi dobří ve vytváření dluhů, byli jste velmi dobří ve vytváření „není dost", byli jste velmi dobří ve vytvoření si dostatku pro to, abyste se uživili a ošatili, je to tak? Odvedli jste vynikající práci ve všech částech této tvorby. Takže jaký je úhel pohledu, ze kterého netvoříte? Nemít žádná omezení.

S: Nevyžaduje to hodně tréninku?

R: Ne, nevyžaduje to žádný trénink.

S: Opravdu? Děláme to neustále?

R: Ano, všechno, čím musíte BÝT, je „Jsem kreativita" – vize vašeho života. Jak byste chtěli, aby váš život vypadal? Jaký by byl, kdybyste jej mohli vytvořit jakýmkoli způsobem, který jste si vybrali? Byli byste milionářem nebo chudákem?

S: Milionářem.

R: Jak víte, že je lepší být milionářem než chudákem? Jako k milionáři k vám někdo může přijít a vzít vám všechny peníze, ale když jste chudákem, nikdo k vám nepřijde a nic vám neukradne. Takže byste byl rád milionář?. Z jakého důvodu? Jaká je hodnota toho být milionářem? Vypadá to jako dobrý nápad, ale jako dobrý nápad to jen vypadá, není to tak?

S: Ano, je to dobrý nápad.

R: Je to dobrý nápad. Dobře. Tak se trochu pobavíme. Zavřete si oči a představte si, že máte v ruce stodolarovou bankovku. Teď ji roztrhejte na malé kousíčky a zahoďte ji. Au, to bolelo.

Třída: (Smích)

R: Představte si tisíc dolarů, teď je roztrhejte a zahoďte. To bolelo ještě víc, že ano?

S: Ano.

R: A teď spalte v krbu deset tisíc dolarů. Zajímavé. Hodit tisíc dolarů do krbu nebylo tak těžké, že? Dobře, nyní hoďte do krbu sto tisíc dolarů. A teď tam hoďte milion dolarů. Teď hoďte do krbu deset milionů dolarů. Teď BUĎTE deseti miliony dolary. Jaký je rozdíl mezi deseti miliony dolary v krbu a bytím deseti milionů dolarů?

S: Je to mnohem lepší.

R: Tak jak to, že vždycky vyhodíte všechny peníze do krbu?

Třída: (Smích)

R: Vždycky svoje peníze vyhazujete a vždycky je utrácíte za účelem být šťastný a přežít. Nedovolujete si sám sobě vytvářet tolik, abyste byl ochoten stát se penězi. Ochota být penězi je být milionem dolarů nebo deseti miliony dolarů. Být jimi je pouze energie, nemá to žádný hlubší význam, dokud mu ho nedáte. Pokud tomu dáte význam, uděláte to těžkým. Pokud to má význam, uděláte to pevným a jste v pasti. Krabice vašeho světa jsou měřítka, kterými vytváříte svá omezení. Jen proto, že máte větší krabici, neznamená to, že je tam toho méně, pořád to je krabice. Chápete to?

S: Ano.

R: Líbilo se vám to?

S: Ano.

R: Dobře.

S: Je to stále obtížné. (Smích)

R: Zajímavý úhel pohledu, že je obtížné být penězi, hm?

S: Ano.

R: Teď se podívejte na tenhle úhel pohledu. Co tímhle úhlem pohledu vytváříte?

S: Já vím, vytvářím si omezení.

R: Ano, děláte si to obtížné, pevné a skutečné. Chlapče, udělal jsi na tom skvělou práci. Gratuluji, jsi velký a úžasný tvůrce.

S: Ta dvě kouzelná slůvka – Já jsem.

R: Já jsem peníze. Já jsem moc. Já jsem kreativita. Já jsem kontrola. Já jsem vědomí. Dobře, ještě někdo má úhel pohledu, který by chtěl trochu víc vysvětlit?

S: Takže můžete vydělávat, aniž byste na tom pracoval?

R: Vy můžete vydělávat, aniž byste na tom pracovali. Jsou tu dvě zajímavá omezení. První je, jak vyděláváte peníze? Máte vzadu na dvoře tiskárnu?

S: Ne.

R: A aniž byste pracovali, co je pro vás práce?

S: Výplata.

R: Práce je výplata?

S: Ano.

R: Takže sedíte doma a shromažďujete peníze?

S: Ne, chodím do práce.

R: Ne, práce je něco, co děláte neradi. Naciťte si slovo práce. Jaké to je? Je to lehké a vzdušné?

S: Ne.

R: Pořádně to smrdí, co? (Smích) Práce. Je práce dívat se do křišťálové koule?

S: Ne.

R: Není divu, když nevyděláváte žádné peníze. Nevidíte, jakou práci děláte, nebo ano?

S: Ještě nevím, co opravdu dělám.

R: Zajímavý úhel pohledu. Jak můžete být „Jsem vědomí" a nevědět, co děláte? Jaká domněnka tady pod tím leží? Jaký úhel pohledu, ze kterého fungujete, tady pod tím leží? Je to „Mám strach"?

S: Ne, nerozumím.

R: Čemu nerozumíte? Pokud pochybujete o svých schopnostech, nemůžete se změnit. Ano?

S: Není to o tom, že bych pochyboval. Je to o tom, že tomu nerozumím. Nevím, co vidím.

R: Dobře, tak uvolněte mysl, spojte se s vašimi průvodci a nechte kouli, ať vás vede. Snažíte se to promyslet a přijít na to z úhlu pohledu své mysli. Nejste myslící stroj; jste médium, máte paranormální schopnosti. Médium nic nedělá, ale je tady proto, aby k sobě nechalo přijít obrazy, nechalo je uvolnit se z mysli, z úst a nechalo je plynout. Můžete to udělat?

S: Ano, dělám to.

R: A uděláte velmi dobře, když necháte, aby se to dělo. Pouze v případě, že dáte mysl do rovnice, tvoříte neschopnost. Nešťastné je, že nedůvěřujete tomu, co víte. Nepoznáváte, že vy, jako nekonečná bytost, jíž jste, máte přístup k celému poznání v celém vesmíru. A že jste jen potrubí pro probuzení kosmického vědomí. Realita je, že žijete ve strachu... ve strachu z úspěchu, ve strachu ze své moci a ve strachu ze svých schopností. A u každého z vás je pod strachem hněv, intenzivní hněv a zuřivost. A na koho jste tak naštvaní? Na sebe. Zlobíte se na sebe za to, že si vybíráte být omezenými bytostmi, kterými jste, za to, že nejdete k výšinám Božské síly, kterou jste, ale i za to, že fungujete z omezené velikosti vašeho těla, jako kdyby to byla skořápka existence. Expandujte sami sebe do prostoru a běžte od toho daleko nejen tím, že se nebudete bát a že se nebudete hněvat, ale i tím, že budete v krásném a nádherném údivu své schopnosti tvořit. Kreativita jsou vize. Máte vize?

S: Ano.

R: Vědění jako vědomí, vědění je jistota, že jste spojeni se svojí mocí. Máte to?

S: Ano.

R: A kontrola. Jste ochoten odevzdat ji kosmickým silám?

S: Pokud se dozvím jak.

R: Nemusíte se dozvědět jak; musíte být „Já jsem kontrola." Nemůžete mít to, co vidíte mimo sebe. „Dozvědět se jak" je cesta, na které vytváříte oslabení a do svého výpočtu úspěchu vkládáte hodnotu času, jako by skutečně existoval. Právě teď znáte všechno, co bude v budoucnosti, a všechno, co bylo v minulosti. Neexistuje tu žádný čas, jenom ten, který vytváříte. Kdybyste se chtěli sami pohybovat, museli byste se pohybovat z úhlu pohledu „Jsem kontrola", a při tom se vzdát potřeby vymyslet, jak se dostat z bodu A do bodu B, což je to vaše "pokud se dozvím". To jde z bodu A do bodu B. Snažíte se kontrolovat proces a svůj osud ze zmenšení. Toho odtamtud nemůžete dosáhnout. Rozumíte tomu?

S: Ano.

R: Jste ochoten podívat se na váš hněv?

S: Ano.

R: Tak se na něj podívejte. Jaký je to pocit?

S: Špatný.

R: A kde ho cítíte? V jaké části těla?

S: Na hrudníku.

R: Tak teď ho z hrudníku vezměte a dejte ho tři stopy před sebe. Vytlačte ho ven. Dobře. Jaký teď máte pocit? Těžký nebo lehký?

S: Není to tak těžké.

R: Ale je to tři stopy od vás, ano? To je váš hněv. Je skutečný?

S: Ano.

R: Je? Zajímavý úhel pohledu. Je to jenom zajímavý úhel pohledu, není to realita. Vytvořil jste si ho, jste tvůrce všech svých emocí, jste tvůrce celého vašeho života, jste tvůrce všeho, co se vám děje. Vy tvoříte, a pokud musíte dodat čas do vašich výpočtů, dejte do nich čas v desetisekundových intervalech. Dobře, dáme vám tady na výběr. Máte deset sekund na to, abyste prožil svůj život, nebo budete snědeni tygrem. Co si vyberete?

S: (bez odpovědi)

R: Váš čas vypršel; váš život skončil. Máte deset sekund na to, abyste prožil svůj život, co si vyberete? Být jasnovidcem nebo ne? Nevybral jste si, váš čas vypršel. Máte deset sekund na to, abyste prožil svůj život, co si vyberete?

S: Být.

R: Ano, být, vyberte si něco. Jak si vybíráte, tak si tvoříte svůj život. Vyberte si být médium, kterým jste, vyberte si být tím, kdo čte v křišťálových koulích. V desetisekundových intervalech. Pokud se teď podíváte do své koule a podíváte se na to a dostanete obrázek v těchto deseti sekundách, můžete odpovědět, co to je?

S: Ano.

R: Dobře, můžete. Život vypršel, máte deset sekund života, co si vyberete? Obrázek a kouli, povídání nebo nemít na výběr?

S: Obrázek a kouli.

R: Dobře, vybírejte si, pokaždé si vybírejte. Každých deset sekund si vybírejte něco nového, vybírejte si něco nového, udržujte se v pohybu. Tvoříte si svůj život v desetisekundových intervalech. Pokud si cokoliv vybíráte jinak než v deseti sekundových intervalech, tvoříte z očekávání budoucnosti, která nikdy nepřijde, nebo z oslabení minulosti, založené na vašich zkušenostech, s myšlenkou, že to vytvoří něco nového, když si zachováte stejný úhel pohledu. Zajímalo by vás, proč je váš život stále stejný? Nevybíráte si nic nového, že? Pořád dokola si vybíráte „Nemám dost; nechci pracovat."

Teď vám doporučíme pár slov, která si vymažte ze slovníku. Je pět slov, která byste měl odstranit ze své slovní zásoby. První: slovo *chtít*. *Chtít* má 27 významů, které znamenají „mít nedostatek". Po tisíce let existence anglického jazyka, znamenalo slovo chtít „nedostatek", a vy jste prožil víc životů, ve kterých jste mluvil anglicky víc, než v tomto. A kolik let jste v tomto životě používal slovo chtít, a přitom jste si myslel, že vytváříte touhu? Po pravdě, co jste vytvořil? Chtít a nedostatek – vytvořil jste nedostatek. Jste tedy skvělý a úžasný tvůrce. Pogratulujte si.

S: (Směje se).

R: Druhé: *potřeba*. Co je potřeba?

S: Nedostatek.

R: Jedná se o oslabení vědomí, že nemůžete mít, nemůžete mít nic, pokud něco potřebujete. Po potřebě bude vždy následovat chtivost, protože se to budete snažit získat. Třetí: a teď tu máme slovo *zkusit*. *Zkusit* je nikdy nedosáhnout. *Zkoušet* znamená nevybírat si. *Zkoušet* znamená nedělat nic. Čtvrté: pak je tu *proč*. A *proč* je vždycky jako rozcestí, které vás vrátí zpátky na začátek.

S: To bych neřekl.

R: Někdy poslouchejte dvouleté dítě a pochopíte to.

S: (Smích). Nikdy nedostanete odpověď.

R: Páté: *Ale*. Kdykoliv řeknete „ale", popíráte své předcházející prohlášení. "Šel bych rád, ale nemůžu si to dovolit." Nepotřebujte. Slovem "potřebuji" říkáte "nemám". Slovem "chci" říkáte "nedostává se mi." Slovem "zkusím" říkáte "nedělám". A když řeknete "Ale", bude lepší, když se raději popláčete po zadku. (pozn. překladatele: anglické slovo *but* - ale, zní stejně jako slovo *butt* – zadek) Další otázka.

TŘETÍ KAPITOLA

Jaké tři emoce máte, když pomyslíte na peníze?

Rasputin: Kdo si přeje být dobrovolníkem u další otázky?

Student: Číslo tři?

R: Číslo tři. Ano. Co to je za otázku?

S: Jaké tři emoce máme ohledně peněz?

R: Jaké tři emoce, ano. Jaké tři emoce máte ohledně peněz?

S: Umm...

R: Tři emoce, když pomyslíte na peníze.

S: První, co mě napadlo, se mi moc nelíbí, ale byl to strach.

R: Strach? Dobře. Takže jaký domnělý úhel pohledu musíte mít, abyste měla strach v souvislosti s penězi?

S: No, já si to vykládám jinak, hmm, vykládám si to, že mám strach z toho, že je nebudu mít...

R: Ano, proto tam je ta emoce, máte strach, že je nebudete mít, protože základní předpoklad je...

S: Že je potřebuji.

R: Napište si to.

S: A roztrhejte to.

R: Napište to a roztrhejte to.

S: Teď se vás zeptám na strašnou otázku.

R: Ok.

S: Ok, když jdu do obchodu, potřebují, chtějí ode mě něco výměnou za to, co si od nich vezmu. (Smích).

R: Chtějí, chtějí, co je chtít?

S: (Smích)

R: Mají nedostatek, ano, chtít znamená nedostatek. To je další sprosté slovo, které si musíte vymazat. Ale pro co si jdete do toho obchodu?

S: Pro jídlo.

R: Dobře, takže si jdete do obchodu pro jídlo. Co vás nutí si myslet, že potřebujete jíst?

S: To si děláte legraci. Vím, že to potřebuji.

R: *Potřebuji*? Znovu si to napište.

S: *Chci.*

R: Napište si to a tohle druhé slovo taky zahoďte. *Potřebuji* a *chci* také nejsou povolené.

S: Ale dostanete hlad.

R: Vážně? Táhněte energii do celého těla, do celého vložte energii. Tak, cítíte se hladová? Ne. Proč nejíte více energie a méně jídla?

S: Na chvilku by to bylo dobré, protože bych mohla něco shodit, ale pak by to začalo bolet. (Smích).

R: Přesně tak. Dostanete do něj tolik energie, že byste mohla být obří balón.

S: A co moji přátelé, kteří ke mně přijdou, včetně dvou lidí, kteří právě teď spí u mě doma?

R: Kdo řekl, že jim potřebujete dát najíst? Jak to, že vám nemohou něco dát oni?

S: Mohou.

R: Strach je z toho, že nic nedostanete. Strach je z toho, že peníze jdou pouze jedním směrem, a to směrem od vás. Kdykoliv cítíte strach, vytváříte *potřebu* a *chtivost*.

S: Ok.

S: *Potřeba* pramení ze strachu?

R: Ano, strach přináší *potřebu* a *chtivost*.

S: Opravdu?

R: Ano.

S: Prokristapána máte pravdu. Myslím, že teď jsem si uvědomila další věc, že je to základní systém přesvědčení, nebo že to nebylo dobré.

R: Ne dobré to přijímat.

S: Ne dobré toho mít příliš.

R: Ne dobré to přijímat.

S: Dobře, nebo to přijímat od ostatních.

R: Přijímat to. Tečka.

S: Dobře.

R: Odkudkoliv. Co když... pokud jste ve strachu, nejste ochotni přijímat, protože si myslíte, že jste bezedná jáma, a že místo, kde žijete, je hluboká, temná díra.

Strach je vždycky díra ve vás, je to bezedné místo. Strach vás nutí k potřebě, chtivosti a stáváte se v tomto procesu hlupákem. Je to tak?

S: Aha.

R: Další emoce.

S: Touha mít víc.

R: Touha, ach ano. Ano, tedy touha – co to je? Půjdete ven a budete kroutit boky, abyste získala víc?

S: (Smích) Vím, že by to nebylo nejlepší.

R: Touha znamená, a automaticky vás napadne, „získat víc". Všimněte si, získat víc, nedostatek, který je doprovázený strachem.

S: Ale nejedná se jen o to, získat víc peněz…

R: Získat víc, tečka. Peníze nemají nic společného s realitou toho, co prožíváte. Peníze jsou předmětem, kolem kterého vytváříte realitu nicoty, nedostatku, *chtění, potřeby, touhy* a *chamtivosti*. A pro všechny na této palubě je to stejné. Je to místo, z kterého tento svět funguje.

Skvělým příkladem je to, čemu říkáte 80. léta. Byla to pravda tohoto světa od okamžiku, kdy jste se rozhodli, že peníze jsou potřeba. Potřeba. Co je potřeba? Něco, bez čeho se neobejdete a přežijete. Vy, jako bytosti, jste přežili miliony životů a ani si nepamatujete, kolik peněz jste měli nebo kolik peněz jste utratili nebo jak jste to udělali. Ale stále jste tady a stále přežíváte. A každý z vás dokázal přijít zpět na místo, aby o něm pochopil víc.

Nefungujte z předpokladu, že je to potřeba, není to potřeba, je to váš dech, to je to, čím jste, vy jste peníze jako celek. A když se cítíte jako peníze, a ne jako potřeba, ne jako nutnost, jste expanzivní. A když se cítíte jako potřeba ve vztahu k penězům, zmenšíte sebe a zastavíte tok energie a peněz. A třetí emoce?

S: Štěstí.

R: Štěstí a v jakém ohledu? Štěstí, když peníze utrácíte, štěstí, když je máte v kapse, štěstí, když víte, že přijdou, štěstí, protože se jedná o peníze? Můžete se podívat na jednodolarovku a být šťastná?

S: Ne.

R: Co z toho vám přináší štěstí?

S: Že vím, že s nimi mohu dosáhnout určitých věcí.

R: Takže si za peníze kupujete štěstí?

S: Ehm, použila jsem špatné slovo...

R: Jakým způsobem pochází štěstí od peněz?

S: Nemusí to od nich vůbec pocházet.

R: Jak vám připadá štěstí ve vztahu k penězům? Když jich máte dost? Když jich máte víc než dost. Když se cítíte zajištěná?

S: Ano, zajištěná.

R: Jistota. Zajímavý úhel pohledu.

S: Ale něco jako jistota tady není.

R: Je, je tady jistota. Jistota je v poznání a uvědomování si sebe sama. Ta jediná jistota, která existuje, jediná jistota, kterou můžete zaručit, je to, že projdete tímhle životem a opustíte tohle tělo a budete mít příležitost, pokud si přejete, vrátit se a zkusit být znovu stvořením oplývajícím na tomto světě hojností. Ale štěstí je ve vás, máte štěstí, jste štěstí, nezískáváte ho z peněz. Abyste byli šťastní, musíte být šťastní, to je vše. A jste šťastní, kromě okamžiků, kdy se rozhodnete být smutní. Je to tak?

S: Ano.

R: Někdo další, kdo by chtěl mluvit o svých emocích?

S: Rád bych, co se týče strachu, šel ještě trochu dál.

R: Ano.

S: Protože jsem strávil velké množství energie na emoci strachu.

R: Ano.

S: A za strachem, pod ním, je vždycky zloba.

R: Ano, přesně tak. A na co se hněváte? Na koho se zlobíte?

S: Na sebe.

R: Je to tak. A na co se zlobíte?

S: Že cítím prázdnotu.

R: Že si nevybíráte svou moc.

S: Ach, hmm.

R: Že nejste celistvý. Cítíte to tak?

S: Hodně.

R: Navnímejte ve svém těle, kde máte strach a kde se zlobíte.

S: Ano.

R: Teď to otočte opačným směrem. Jak to teď cítíte?

S: Jako úlevu.

R: Ano, a tohle je způsob, jak se zbavit strachu a zloby, a vytvořit pro sebe prostor. Protože pokud se na sebe podíváte, v tvém vesmíru není vůbec žádný strach, nebo ano?

S: Ne.

R: A jedinou zlobu, kterou můžete projevit, je směrem k druhým, protože vaše skutečná zloba vypovídá o vás a o tom, kde jste odmítl přijmout pravdu o své energii jako celku. Takže, můžete být mocí, kterou jste, energií, kterou jste? Nechte to odejít, přestaňte to zadržovat. Přesně, to je ono. Ach, úleva, že?

S: Ano.

R: Tohle trénujte, je to jasné?

S: Ano.

R: Protože jste se zmenšil, stejně jako všichni ostatní v téhle místnosti, nepřetržitě jste se zmenšoval po miliardy let, abyste nebyl sám sebou, abyste nebyl mocí. A dělal jste to pro to, abyste potlačil svůj vlastní hněv. Zajímavé, že? Hněv na sebe. A není tady nikdo, kdo by na sebe nebyl naštvaný za to, že jste sami sobě nedovolili být v celistvosti své moci, kterou jste. Dobře, to pár věcí uvolnilo. Je tu ještě někdo další, kdo by chtěl mluvit o emocích?

S: Já bych se ještě chtěla znovu bavit o strachu z mého úhlu pohledu. Když mám strach, stáhne mě to, uzavře.

R: A kde to cítíte?

S: V solaru plexus.

R: Dobře, tak to otočte. Otočte to. Tady, takhle. Jaké to je teď? **S:** Děsivé.

R: Dobře. A co je pod tím strachem?

S: Hněv.

R: Hněv. To je to malé tam, co jste si svázala do uzlíčku. Je to dobře schované, že? Přemýšlíte. Fajn, neprojevit to navenek, nenechat ho celé vyjít ven. Navnímejte si hněv a nechte ho z vás odejít. Ano, takhle. Teď si všimněte toho rozdílu a expanze. Cítíte to?

S: Ano, je to velmi příjemné.

R: Ano, je to velmi příjemné. To je vaše pravda. Rozpínáte se jako byste byla vnějškem svého těla, jako by vás k tomuhle místu už nic nepoutalo. Vnímejte, zatím co necháváte hněv odejít, celistvou propojenost se sebou, ne s nějakou duchovní entitou, ale opravdu sebe samou. Jestliže to uděláte v pravdě, přijde k vám klid a mír. Úplně to pusťte. Takhle, ano.

S: Udělám to, pochopila jsem to.

R: Cítíte, že je to důvěra toho, kdo jste, že to je moc. To ostatní lze odstranit.

S: Je to jako bych, mám pocit jako bych šla zpátky sama do sebe.

R: Přesně tak. Je to totální propojení, totální vědomí a kontrola. Jak vypadá kontrola z tohoto prostoru?

S: Úplně jinak než ta kontrola předtím.

R: Ano, ta druhá se snaží kontrolovat váš hněv, je to tak?

S: Asi ano.

R: Nakonec se snažíte ovládnout svůj hněv, protože je pravdou, že si nedovolíte zářit. Tady uvnitř je mír, klid a velkolepost. Ale vy to cpete pod hněv. Jelikož si myslíte, že váš hněv není vhodný, zmenšíte se. A snažíte se to kontrolovat a můžete se snažit kontrolovat všechno okolo vás, abyste to před sebou zakryla. Na koho se zlobíte? Buďte se sebou v míru. Tak, správně. Cítíte to?

S: Ano.

R: Ano, tak to je. A to jste vy. Vnímejte, jak se vaše energie rozpíná.

S: Ach, je to úplně jiné.

R: Extrémně. Ano, takové to je, dynamické jako vy, což je to, kým skutečně jste.

S: A je to temnota a já si myslím, že nad tím mám nějakou kontrolu, přitom…

R: Správně.

S: Také ale vím, že v tomhle okamžiku mám něco, co není pod kontrolou.

R: Kde cítíte tu temnotu?

S: Zdá se mi, myslím si, že spíše jdu já do ní, než ona do mě, tím si nejsem jistá.

R: Kde ji cítíte? Je mimo vás? Je ve vás? Zavřete si oči, vnímejte tu temnotu. Kde ji cítíte?

S: Myslím, že v oblasti podbřišku a pak jsem se tím nechala zaplavit.

R: Dobře, jak si myslíte, že to cítíte? Je to ve vaší mysli...

S: Ano, to sedí.

R: ... že zažíváte temnotu? A co to je, je pocit, že kromě temnoty neexistuje nic jiného, co by bylo spojeno s penězi. A že ta temnota má nějak co do činění se zlem, a proto je její přijímání absolutně nepřípustné. Tady, cítíte ten posun? Změňte ji. Změňte ji na bílo, tak, cítíte, jak se vám otevírá koruna? Tak a teď to, co nazýváte temnotou, může vytéct ven. A to, co je vaše realita, je přítomnost. Všimněte si rozdílu ve vaší energii. Opustila jste myšlenku o emoci zla jako realitě, protože to není realita. Je to pouze zajímavý úhel pohledu. Ano? Nějaké další emoce?

S: Myslím, že převládající emocí, kterou k penězům mám, je rozpolcenost.

R: Rozpolcenost? Co je to za rozpolcenost? Kde ji cítíte?

S: Cítím ji na solaru a ve spodních čakrách.

R: Ano, rozpolcenost značí nepoznání této sféry. Pocit, že peníze patří k něčemu, čemu nerozumíte. Cítíte posun ve svých spodních čakrách?

S: Ano.

R: To je výsledek propojení se s faktem, že jste vědomí, a jako vědomí, jste penězi, a jako vědomí jste také moc a všechny čakry jsou spojeny s touto energií, kterou jste vy. Ještě pro vás stále existuje rozpolcenost?

S: Ne.

R: Dobře, nějaké další emoce?

S: Já jednu mám.

R: Ano.

S: Cítím odpor a hanbu.

R: Velmi dobré emoce, odpor a hanba. Kde je cítíte?

S: Myslím, že je cítím...

R: Vy myslíte pocity?

S: Ne. V žaludku a na plicích.

R: V žaludku a na plicích. Takže pro vás jsou peníze dýchání a jezení. Hanbu dejte pryč, dejte ji pryč z vašeho žaludku. Ano, cítíte ji, cítíte tu energii, jak se teď otvírá vaše žaludeční čakra?

S: Ano.

R: Dobře a jaká byla vaše další emoce?

S: Odpor.

R: Odpor. V plicích. Odpor, protože to znamená, že se musíte udusit, abyste je dostala. Z vašeho úhlu pohledu se musíte se udusit, abyste dostala peníze. Je to realita?

S: Ano.

R: Je?

S: Ne, ne, ne.

R: Dobře.

S: Vnímám to jako bytost…

R: To, jak fungujete?

S: Ano.

R: Dobře. Otočte dech a všechno to vydechněte. Teď vdechněte peníze. Dobře a vydechněte hanbu. A nadechněte peníze přes každý pór vašeho těla a vydechněte odpor. Jaké to teď je, je to trochu volnější?

S: Ano.

R: Dobře. Někdo další chce mluvit o emocích?

S: Strach.

R: Strach, nějaké další emoce?

S: Úzkost a úleva.

R: Peníze vám dávají úlevu?

S: Ano.

R: Kdy?

S: Když ke mně přijdou.

R: Um, zajímavý úhel pohledu. Úzkost a strach. Pojďme je vzít jako první spolu, protože jsou to samé. Kde cítíte strach a úzkost? V jaké části těla?

S: V žaludku.

R: Žaludek. Dobře, tak je teď vytlačte ze žaludku ven, tři stopy před sebe. Jaké vám to připadá?

S: Slizké a zelené.

R: Slizké?

S: Ano.

R: Dobře. Jaký je důvod, že to je zelené a slizké?

S: Protože to nemůžu kontrolovat.

R: Zajímavý úhel pohledu, žádná kontrola. Vidíte, nejste „jsem kontrola", že ne? Říkáte si pro sebe „Nemůžu to kontrolovat, nemám to pod kontrolou". To je předpoklad, který pod tím leží, z něj fungujete. „Nemám to pod kontrolou, nejsem kontrola". Takže jste si vytvořila, velmi dobře, strach a úzkost?

S: Ano.

R: Jste velký a skvělý tvůrce, dobrá práce! Pogratulujete si za svou kreativitu?

S: S hanbou, ano.

R: Zajímavý úhel pohledu. Proč s hanbou?

S: Protože jsem to lépe neuměla.

R: Ano, ale to nevadí, jestli jste to neuměla lépe. Jde o to, že teď už rozumíte, že jste tvůrce a že jste udělala báječnou tvůrčí práci, což znamená, že si teď můžete vybrat jinak a můžete vytvořit jiný výsledek.

S: To vyžaduje disciplínu.

R: Disciplínu? Ne.

S: Tak štěstí.

R: Ne, moc! Jako moc jste energií „Jsem moc, jsem vědomí, jsem kreativita, jsem kontrola, jsem peníze". Ano? Takhle vytvoříte změnu, že se stanete „Já jsem", kterým jste teď, místo „Já jsem", kterým jste byla. Začněte se dívat, kde jste vytvořila pohled pevnosti s penězi, a jaký je to pocit. Když pocítíte, že to napadlo nějakou část vašeho těla, vytlačte ho z ní a zeptejte se: „Jaký úhel pohledu pod tím leží, z kterého funguji, který nevidím?" A dovolte si na to mít odpověď. A pak si dovolte, aby tato odpověď byla jen zajímavým úhlem pohledu.

A co si vyberu teď? Vyberu si „jsem kreativita, jsem vědomí, jsem kontrola, jsem moc, jsem peníze…" Pokud vytvoříte "nejsem", pokud vytvoříte "nemůžu", nebudete toho schopna. Také si pogratulujte za to, co jste vytvořila a udělejte to s velkou chutí. A kromě vašeho vlastního soudu, není nic špatného na tom, co jste vytvořila. Kdybyste byla žebračkou na ulici, byla by to lepší tvorba, nebo horší tvorba než to, co jste vytvořila teď?

S: Horší.

R: Zajímavý úhel pohledu.

S: Ne kdybyste to nevěděl.

R: To je pravda, ne, kdybyste to nevěděla. Teď víte, že máte volbu, můžete tvořit. Co se stane, když vám váš soused řekne, že tento týden nedostanete zaplaceno, protože si: „Vezmu všechny vaše peníze na opravu plotu, který jste zničila"?

S: Zajímavý úhel pohledu.

R: Přesně, to je zajímavý úhel pohledu. Nic víc to není. Jestliže budete odporovat nebo na to reagovat, zpevníte to a váš soused si ty peníze vezme.

S: Takže nám říkáte, že když někdo přijde s negativním…

R: S jakýmkoliv úhlem pohledu na peníze.

S: Ok, je to zajímavý úhel pohledu.

R: Ano, vnímejte tu energii, když to říkáte.

S: Ok, a pak jdu rovnou do „já jsem"?

R: Ano.

S: Chápu. Rozsvítilo se mi.

R: A když na vaše tělo dopadá určitý úhel pohledu, úzkost nebo strach, o čem to je?

S: Musím to vyndat a odtlačit to od sebe.

R: Ano. A když pocítíte úzkost a strach v žaludku, budete mluvit o tom, že jste se dost nenajedla?

S: Ne.

R: Říkáte si, že nejste vyživovaná? Takže, o čem mluvíte? Mluvíte o těle. Cítíte peníze jako funkci svého těla, jako by to byla realita třetí dimenze. Jsou peníze realitou třetí dimenze?

S: Ne.

R: Ne, nejsou, přesto se tak tváří. Podívejte se na svoje úhly pohledu ohledně peněz, je to bezpečí, je to dům, jsou to účty, je to jídlo, je to přístřeší, je to oblečení. Je to pravda?

S: No, to je to, za co si to kupujete.

R: Je to, za co si to kupujete, ale volíte si to, nebo ne?

S: Ach, potřeba.

R: To je to, co si vybíráte v deseti sekundách. Potřeba, jejda? Zajímavý úhel pohledu. Vybíráte si oblečení, které nosíte, z potřeby?

S: Ano.

R: Opravdu?

S: Ano, opravdu.

R: Nevybíráte si ho, protože je hezké, nebo proto, že v něm dobře vypadáte?

S: Většinu času mě hřeje.

R: A co v létě, když nosíte bikiny?

S: Paráda, a v nich vypadám dobře. (Smích)

R: Správně, takže když se rozhodujete, není to potřeba, ale to, co chcete cítit, ano? Cítit?

S: Jo, ale potřebujete…

R: Ale! Vyhoďte to slovo pryč.

S: Jejda. (Smích) Musíte mít boty a stále máte…

R: Jak to, že musím mít boty? Mohu chodit bos.

S: Možná ano, ale…

R: Samozřejmě, že ano.

S: Potřebuji je, venku je zima.

R: Potřebujete, hm?

S: Spodní prádlo a ponožky…

R: Potřebujete, hm?

S: Musíte to mít.

R: Kdo to řekl? Jak víte, že se nemůžete zeptat těla a požádat ho, aby vás zahřálo?

S: A co třeba…

R: Vy, jako bytost, nepotřebujete ani tělo.

S: To zní dobře.

R: Je to tak.

Třída: (Smích)

R: Ano?

S: No, musíte něco jíst, nosíte boty.

R: My nic nenosíme. Gary nosí boty, protože to je měkkota, ve sněhu by bez nich nechodil.

Třída: (Smích)

R: Myslí si, že to zebe.

S: Ano, to taky.

R: To je zajímavý úhel pohledu. Měli byste zažít Sibiř, jestli chcete zimu.

S: A co vaše děti, když mají hlad?

R: Kolikrát měly vaše děti hlad?

S: Několikrát.

R: A jak dlouho byly hladové?

S: Přes noc.

R: A co jste udělala?

S: Vzala jsem si peníze od otce.

R: Vytvořila jste to, je to tak?

S: Ano.

R: Pogratulovala jste si za svou kreativní schopnost?

S: Poděkovala jsem otci.

R: To je jeden ze způsobů, jak tvořit. Tvorba, kreativita, jsou samy o sobě vědomím. Být „jsem kreativita", být „sem vědomí", být „jsem moc", být „jsem kontrola", být "jsem peníze". A odporujete tomu; *„ale"*, *„potřebuj"*, *„proč"*, *„musíte"*, *„je to nutné"*, to jsou všechno úhly pohledu *„nemůžu to mít"* a „*nezasloužím si* to". To pod tím leží a vy z toho fungujete. To jsou úhly pohledu, které tvoří váš život. Je to tady, odkud chcete tvořit?

S: Vidím to ve všech možných oblastech, ale ne u peněz.

R: Ano, nevidíte to u peněz, protože je vidíte jinak. Jako co vidíte peníze, jako – pramen všeho zla?

S: Ano.

R: Čí je to úhel pohledu? Pravdou je, že není váš. Nakoupila jste ho. Ďábel mě k tomu donutil, že? Vidíte, je to realita, kterou si tvoříte jako jinou. Ne jako část své kreativity.

S: Takže, když si pro sebe budu říkat všechna ta „já jsem", přinese mi to do kapsy peníze?

R: Začnou vám do kapsy přicházet. Pokaždé, když o tom zapochybujete, odpojíte se od základu, který vytváříte. Ještě jinak – kolikrát jste si kdy řekla: „Chci peníze"?

S: Každý den.

R: Každý den. Chci peníze. Tím říkáte: „Nemám dost". Co vytváříte?

S: Ale to je pravda…

R: Že to je pravda? Ne, je to jen zajímavý úhel pohledu. Vytvořila jste si přesně to, co jste si řekla: „Chci peníze." Udělala jste to nevědomky, ale vytvořila jste si to.

S: A co třeba, kdybych chtěla vyhrát v loterii?

R: Pokud „postrádáte" výhru v loterii, tak je to přesně to, co si vytváříte – budete postrádat výhru v loterii.

S: Říkáme tomu síla vnímání.

R: Síla vašich slov, vašeho vědomí, vytváří realitu vašeho světa. Chcete jednoduché cvičení? Řekněte: „Nechci peníze".

S: Můžeme si místo tohohle vybrat něco jiného?

R: Řekněte: „Nechci peníze".

S: Nechci peníze.

R: Řekněte: „Nechci peníze".

S: Nechci peníze.

R: Řekněte: „Nechci peníze".

S: Nechci peníze.

R: Řekněte: „Nechci peníze".

S: Nechci peníze. To mi zní negativně.

R: Opravdu? „Nechybí mi peníze" je negativní?

S: Ale my chceme peníze.

R: Nechcete peníze!

R: To je správně. „Nechci peníze". Když říkáte „Nechci peníze", navnímejte si z toho energii. *Chtít* znamená nedostatek, snažíte se udržovat v definici. Jsem peníze. Nemůžete být „Mám peníze", nemůžete mít něco, čím nejste. Už jste byla dostatečně kreativní jako „Chci peníze", a tak jste si vytvořila hojnost nedostatku, nebo ne?

S: Ano.

R: Dobře, takže můžete teď říct „Nechci peníze"?

S: „Nechci peníze." (opakuje mnohokrát za sebou).

R: Teď, vnímejte energii, cítíte se lehčeji. Cítíte to?

S: Ano, točí se mi hlava…

R: Točí se vám hlava, protože to, co jste vytvořila, je, že jste zbořila strukturu reality, kterou jste si vytvořila. Všichni to máte; řekněte si pro sebe a vnímejte, jak se vám ulevuje a chce se vám smát, když řeknete „Nechci peníze".

S: Můžu říct: „Jsem bohatá"?

R: Ne!! Co je být bohatý?

S: Štěstí.

R: Opravdu? Myslíte si, že Donald Trump je šťastný?

S: Ne, není bohatý penězi.

S: Oh, jako když peníze řídí to, co musíme.

R: To je zajímavý úhel pohledu, jak jste k němu přišla?

S: Protože…

R: Kde jste vzala takový úhel pohledu?

S: Napadlo mě to, když jsem si myslela…

R: Vidíte, to je myšlení a hned máte problém. (Smích) Cítila jste se dobře?

S: Ne.

R: Ne, necítila jste se dobře, protože to není pravda. Pokud řeknete: „Jsem bohatá", jak to vnímáte?

S: To by bylo dobré.

R: Zajímavý úhel pohledu – bylo by to dobré. Jak to víte? Byla jste bohatá?

S: No, měla jsem peníze, když jsem byla…

R: Byla jste bohatá?

S: Ne.

R: Ne. Můžete být bohatá?

S: Ano.

R: Opravdu? Jak můžete být bohatá, když můžete říct „když jsem byla"? Vidíte, díváte se do budoucnosti s očekáváním, jaké by to bylo, a ne jaké to je.

S: Je to jako když máte šéfovou, která vám má dát peníze, a vy musíte dělat to, co řekne, a musíte...

R: Máte šéfovou, která vás platí?

S: V tuhle chvíli ne, ale...

R: To není pravda. Máte šéfovou, která vás platí, a neplatí vás dobře, protože si nebere žádné peníze za to, co dělá. Vy jí jste, dušinko! Vy jste svoje šéfová. Vytvořte si svůj byznys, vytvořte si svůj život, a dovolte, ať to k vám přijde. Zavíráte se ve skříni a říkáte si „Nemůžu, nemůžu, nemůžu." Kdo vytváří tenhle úhel pohledu? Co se stane, když řeknete: „Můžu a rozumím", místo „Nemůžu a nerozumím"? Co se stane s vaší energií? Vnímejte ji.

S: Zasekla jsem se v bodě, kdy se děti bez peněz nemohou najíst.

R: Kdo řekl, že budete bez peněz? Vy. Předpokládala jste, že nebudete mít žádné peníze, dokud nebude dělat něco, co nesnášíte. Jak často pohlížíte na práci jako na zábavu?

S: Nikdy.

R: To je úhel pohledu, který je tím, co pod tím leží. A přesto říkáte, že vaše práce je pracovat s křišťálovou koulí. A sama sebe nevidíte jako někoho, kdo by se bavil. Máte ráda to, co děláte?

S: Ano.

R: Tak jak to, jestliže děláte to, co máte ráda, že si to nedovolíte přijmout?

S: To ještě nevím, potřebuji víc informací.

R: Nepotřebujete víc informací. Máte k dispozici deset tisíc minulých životů, kdy jste věštila z křišťálové koule. Co teď říkáte na učení, kromě „A do prdele"?

Třída: (Smích).

R: Dostal jsem vás, dostal, teď nemáte kam utéct.

S: Přečetla jsem si, co jsem viděla napsáno v kouli, a bylo to nepřesné, a připadala jsem si jako kretén.

R: Ano. (Smích) Jak víte, že to bylo nepřesné?

S: No…

R: No?

S: Já nevím.

R: Vrátí se zpátky?

S: Nevím.

R: A když to uděláte pro další osobu a uděláte to správně, přijdou znovu?

S: Ano, musím říct ano.

R: Tak jak můžete říct, že ještě nevíte? Komu lžete?

S: Co?

R: Komu lžete.

S: Já… já…

R: Komu lžete? Komu lžete?

S: Přísahám vám, že nevím, co tam vidím.

R: To není pravda, to není pravda. Jak to, že máte zákazníky, kteří se k vám vracejí a kteří si myslí...

S: Už jsem to pochopila.

R: Ano, už jste to pochopila. Proč si myslíte, že to pořád nechápete? Kolik máte zákazníků, kteří se k vám už nevrací?

S: Žádného.

R: Chlapče, tohle je těžký případ, je hodně přesvědčivá, viď? Ta se rozhodně postará o to, aby ve svém životě neměla peníze, hojnost a prosperitu. Máte zajímavou šéfovou. Nejen, že si neplatíte dobře, ani neuznáváte samu sebe, že máte dostatek práce. A abyste věděla, že se vám daří, vytvořila jste si zákazníky, kteří se vracejí znovu a znovu. Víte, kolik zákazníků by to obnášelo navýšit, abyste měla v životě hojnost?

S: Asi tak o třicet víc za týden.

R: Dobře, takže si můžete dovolit, aby jich k vám přišlo o třicet týdně víc?

S: Ano, to není problém.

R: Není to problém?

S: Není to problém.

R: Jste si jistá?

S: Ano, jsem.

R: Dobře, takže si můžete dovolit mít sto tisíc dolarů? Milion dolarů?

S: Ano.

R: Deset milionů dolarů?

S: Ano.

R: Dobře, teď jste se trochu posunula, děkujeme moc, všichni si toho vážíme. Jste tvůrce, skvělý a báječný tvůrce. Pogratulujte si pokaždé, když dokončíte četbu, kterou máte ráda. A dělejte svou práci s láskou, nepracujte, bavte se. Bavte se tím, co děláte, nemějte práci. Práce vypadá jako lejno, zábava je zábava a můžete se bavit už navždy. Vy vytváříte to, co to je, nikdo jiný. Můžete čerpat benzín a bavit se, umývat okna a bavit se, můžete čistit záchody a bavit se. A dostanete za to zaplaceno a budete v blahobytu. Ale pouze pokud se u toho bavíte. Pokud to vidíte jako práci, už jste ji vytvořili jako něco, co nenávidíte. Protože o tom to tady je: práce je utrpení, tíha a bolest. Zajímavý úhel pohledu, že?

S: Co když nevíte, co chcete dělat?

R: Ale vy to víte.

S: Ano, ale předtím jsem nevěděla kam mě to vede.

R: A jak jste se dostala ke kouli? Dovolila jste si propojit intuici a zrak a požádala jste vesmír, aby se sladil s vaší vizí a dal vám to, co jste si přála. Vytvořila jste si to jako vizi. Měla jste sílu svého bytí, vědění, vědomí, jistotu, že k tomu dojde, a kontrolu, která vám umožnila, aby vám to vesmír poskytl. Takže už máte čtyři elementy, jak být „Jsem peníze". Je to jasné?

ČTVRTÁ KAPITOLA

Jaké jsou pro vás peníze?

Rasputin: Dobře. Tak další otázka. Kdo si přeje být dobrovolníkem pro další otázku?

Studentka: Já.

R: Ano. Jak zní další otázka?

S: Jaké jsou pro vás peníze?

R: Jaké pro vás jsou, ano, to je správně.

S: Takže to je jiné, než jaké k nim máme emoce?

R: Ne nutně.

S: Tak to se mi ulevilo.

R: Takže jaké jsou pro vás peníze?

S: Právě teď si přijdu dost zmatená.

R: Je to jako zmatek. Cítíte, že peníze, že ten zmatek, jsou emoce?

S: Emoce a myšlenka.

R: Stav mysli. Ano.

S: Ano.

R: Pamatujete si, jak jsme mluvili o těch závratích?

S: Ano.

R: Otevřela jste korunní čakru a nechala jste to odejít ven? Zmatek je vytvořený obraz peněz. Jakou domněnku byste musela mít, abyste byla zmatená? Musela byste předpokládat, že to nevíte. Domněnka by byla „Nevím a měla bych to vědět".

S: Proto jsem zmatená.

R: Tak to je. Nevím, měla bych vědět. Jedná se o protichůdné úhly pohledu, které vytvářejí zmatek a jsou pouze zajímavými úhly pohledu. Cítíte posun, když si to říkáte o každém z nich? Měla bych to vědět, nevím to. Zajímavý úhel pohledu, že to nevím. Zajímavý úhel pohledu, že bych to měla vědět. Zajímavý úhel pohledu, že to nevím. Zajímavý úhel pohledu, že bych to měla vědět. Jak ten zmatek cítíte teď?

S: No, až na skutečnost, že…

R: Samozřejmě.

S: Teď mi to připadá velmi nereálné v tom smyslu, že jsou pro mě ve své průzračnosti perspektivou peníze a energie, moc a kreativita. Když do toho nepletu peníze tam, kde je mít nemusím.

R: Co to je za domněnku, ze které fungujete?

S: Že je tady nějaká nepochopená realita.

R: Přesně.

S: To je ten skutečný problém.

R: Není to problém, je to domněnka, ze které fungujete a která vám automaticky říká, že je to jiné než vaše realita. Předpokládáte, že fyzická realita není stejná jako duchovní realita, jako realita toho, kým skutečně jste. Průzračnost v této sféře neexistuje a vy ji do ní nikdy nemůžete přivést.

S: Máte pravdu.

R: Tohle jsou domněnky. Falešné informace, ze kterých si vytváříte svoji realitu.

S: Je to matoucí také pro to, že se mi zdá, že existují i jiné bytosti, které mají odlišnou realitu, a že pro ně žádný zmatek neexistuje. Lidé jako takoví, jejich názory, lidé na ulici, v obchodě…

R: A o čem to teď mluvíte? Že existují jiné reality? Že lidé mají odlišné reality? Ano, jsou tu…

S: Z odlišného úhlu pohledu, a že…

R: Je tady někdo, kdo se neztotožňuje s tím, co řekla? Mají stejný úhel pohledu jako vy.

S: Myslíte si, že jsou všichni zmatení?

R: Ano. Všichni si myslí, že nemůžete přivést do reality to, co se nazývá duchovním světem. Do fyzické reality. A každý člověk na ulici má přesně ten samý úhel pohledu. A pouze ti, kdo tento úhel pohledu nekupují, kteří nepředpokládají, že je to absolutně nemožné, jsou schopni tvořit, i jen po malých kouskách, svoji realitu.

Pokud svůj život zaměřujete na vydělávání peněz a vaším jediným životním cílem je být Donald Trump, Bill Gates, na tom nezáleží, je to totéž. Stejná osoba, jiné tělo, stejná osoba. Jejich život je o vydělávání peněz, všechno, co dělají, je o penězích. Proč musejí vydělávat tolik peněz? Protože stejně jako vy jsou si jisti, že jim příští týden dojdou.

S: Není to pro ně jen hra?

R: Ne, není to pro ně jenom hra. Fungují z úhlu pohledu, že tady není dost a že nikdy nebudou mít dost, bez ohledu na to, co dělají. Je to jen jiný standard, to je celé.

S: Chcete říct, že tihle lidé necítí určitou svobodu z toho, kolik mají peněz?

R: Myslíte si, že Donald Trump má svobodu?

S: Do jisté míry si myslím, že ano.

R: Opravdu? To, že si jezdí v limuzíně, mu dává svobodu? Nebo to, že musí mít osobní strážce, kteří ho chrání před všemi kolem, kdo se mu snaží vzít peníze? Dává mu svobodu mít 27 lidí, kteří se z něj každý den snaží dostat peníze?

S: Dává to iluzi svobody.

R: Ne. Vám to dává iluzi, že to je svoboda. Vy si myslíte, že je to svoboda, protože to nemáte. On není o nic svobodnější než vy. Má jen víc peněz na utrácení za věci, které nepotřebuje. Myslíte si, že ho to dělá duchaplnějším, protože má víc peněz?

S: Ne, to určitě ne.

R: Dělá ho to méně duchaplným?

S: Ne.

R: Máte zajímavý úhel pohledu. (Smích) Všichni jste si to mysleli, ale neměli jste odvahu říct: „Dělá ho to horším, protože má víc peněz".**S:** Jo, máte pravdu.

R: Ano, to jste si myslel. Neřekla jste to, ale myslela jste si to.

S: Proto někteří lidé kolem něj všechno kontrolují.

R: Opravdu? Ano, on kontroluje. Kontroluje slunce, měsíc, hvězdy. Má naprostou kontrolu nad všemi těmihle věcmi.

S: Ale kontrolování lidí není...

R: Oh, kontrolování lidí, tak to je pro vás standard velikosti.

S: Ne, ne, to není můj standard. Mluvíme o Gatesovi a jeho nákupech a o Trumpovi a jeho nákupech, které určují jeho stupeň kontroly.

R: Pravda, je kontrolou?

S: Ne. Já...

R: Nebo je ovládán svojí potřebou peněz? Jeho život je zcela ohraničen nutností vytvářet stále více a více a více peněz. Protože jen tak se cítí dostatečně.

S: Ale také si myslím, že energie, kterou vydává, aby pohltila...

R: Ještě jedno slovíčko byste si měla ze svého slovníku vymazat.

S: Jaké?

R: Ale.

S: Ale?

R: Ale. Pokaždé, když vám někdo něco řekne, jako první vyhrknete 'ale' (Smích).

S: To dělají...

R: To dělá většina z vás, Když dostanete kus informace, okamžitě začnete vytvářet opačný úhel pohledu, protože to k vám nejde nebo s tím nesouhlasíte, jste v rezistentním postoji, že by to tak mohlo být, nebo na to reagujete. Koneckonců, je to jen zajímavý úhel pohledu, že tento muž je řízen penězi.

S: To jsem chtěla říct, ale...

R: Ne, máte jiný úhel pohledu, který je zajímavým úhlem pohledu. To je celé.

S: Ano, učím se to.

R: To nemá to žádnou hodnotu. Pokaždé, když si vytvoříte nějaký pohled na peníze, vytvoříte si pro sebe omezení. Pro sebe! A pokaždé, když řeknete někomu jinému, jaký je váš úhel pohledu, vytvoříte omezení pro něj. Chcete vytvořit svobodu? Pak buďte svobodou. Svoboda není vůbec žádný pohled!!

Jak by svět vypadal, kdybyste v životě projevovali lehkost, radost a slávu, aniž byste vůbec uvažovali o nějakém omezení? Kdybyste měli neomezené myšlení, neomezené schopnosti a neomezené dovolení, byly by graffiti, byli by bezdomovci, byla by válka, byla by devastace, byly by vánice?

S: Jaký je v tom rozdíl, to by nebylo počasí?

R: Kdybyste nebrala v úvahu vánice, počasí by bylo, ale nemusely by být sněhové bouře. Jakmile nadejde čas, kdy má začít sněžit, všimněte si, co říkají v televizi. Začnou to zhmotňovat. Mluví neustále dokola o tom, jak velká ta bouře bude. Bude to nejhorší bouře roku 1996, bude to druhá nejhorší bouře roku 1996, bude to obrovská bouře a způsobí značné škody. Raději běžte do obchodu a zásobte se. Kolik z vás koupí tenhle úhel pohledu a začne z něj tvořit svůj život?

S: Do obchodu bych nešla, strávila bych odpoledne v parku.

R: Koupila jste úhel pohledu, o tom, o čem jsme se bavili. Okamžitě jste se rozhodla, že je to pravda. Neposlouchejte, co říkají v televizi, vyhoďte ji. Nebo se aspoň dívejte na pořady, které jsou pro mozek absolutně nezávadné. (Smích) Pusťte si "Scooby Doo". (Smích) Dívejte se na animované pohádky a na ně si dělejte úhly pohledu. Budete-li poslouchat zprávy, začnete z toho být sklíčení a budete mít hodně myšlenek o tom, co jsou peníze.

Fajn, takže, kde jsme to přestali? Vraťme se zpátky. Zmatek, už rozumíte tomu o zmatku?

S: Ne.

R: Dobře. Čemu byste si přála ještě víc rozumět? Vytváříte zmatek.

S: Kdo jsem? Jsem tělo? Jste tady? Je tu ještě někdo jiný?

Je tady realita? Je tady nějaký rozdíl? Co je sakra existence? Jste nebo je všechno ryzí existence a neexistuje oddělení ducha, duše a vědomí? Je to tak? O ničem se nedá nic říct, takže všechno utrpení a veškerý zármutek a veškerá iluze a veškeré oddělení, veškerý zmatek, co je to? Co?

R: Tvorba.

S: Tak.

R: Tvoříte...

S: Takže na této úrovni vytváříme něco, o čem se lidé, kteří jsou výtvor, a toto ego, které je také výtvorem, domnívají, že existuje něco, čemu se říká peníze a místo, což je výtvor, a to znamená, že pokud jsme na Wall Street nebo děláme americkou historii New Yorku v roce 1996, pak souhlasíme s tím, že vy a tito další lidé dohromady společně existujete. Nerozumím tomu.

R: Proč tomu nerozumíte?

S: Všichni ostatní jste vy a vy jste všichni ostatní.

S: To je něco... čemu nerozumím.

R: Vytváříte sebe jako oddělenou, vytváříte sebe jako jinou, vytváříte sebe jako oslabenou a vytváříte sebe jako hněv.

S: Jsem tak znechucená.

R: Ano, ale to pravé pod tím je hněv.

S: Och, ano.

R: Protože se cítíte bezmocná. To je základní domněnka, ze které fungujete, a to je vždycky základní domněnka zmatku. Každý zmatek je založen na myšlence, že nemáte moc a nemáte schopnosti.

S: Ale to já nemám.

R: Máte.

S: Připadá mi, že ne.

R: Podívejte se na svůj život, podívejte se na svůj život, co jste vytvořila. Začala jste s úžasným množstvím peněz? Začala jste s palácem a o všechno jste přišla? Nebo jste tvořila a tvořila, a pak jste o tom měla pochybnosti a cítila jste se zmatená a bezmocná v tom, jak to dělat nebo vědět, jak to kontrolovat, a pak to od vás začalo odpadávat, protože jste vytvářela zmatek a pochybnosti o sobě?

Ano, tím směrem se ubíral váš život, ale nic z toho není vaše pravda. Vy, jako bytost, máte absolutní moc tvořit svůj život a můžete a budete si ho tvořit mnohem úžasnějšími způsoby, než si dokážete představit. Ale přijde to od vás s vírou, a to platí pro všechny z vás. S vírou v sebe, s vírou vědění, že jste vytvořila realitu, která nyní existuje, a s vědomím, že ji chcete změnit. Že už netoužíte být tím, kým jste byla. To je vše, co k tomu potřebujete. Ochotu dovolit si, aby to bylo jiné.

S: Pokud se tedy život mění, znamená to, že je to zmatené vědomí, které vytváří více Bosenských konfliktů a lidí bez domova? Kam odejde vědomí, kam odejdou temné entity, které jsem mohla vytvořit, nebo nějaká jiná moje část, která byla tak oddělená od názorů na televizi, na kterou jsem se dívala, nebo bezdomovec, kam to odejde, když řeknu, „Fajn, není to v mé realitě, nevěřím tomu, už si to nevybírám".

R: O to nejde, vidíte, děláte to ze vzdoru.

S: Ano.

R: Aby se mohla udát změna, musíte fungovat z dovolení, ne ze vzdoru, ne z reakce, ne ze souhlasu. Dovolení je…

S: Jsem ochotná to dovolit, jen chci porozumět kde…

R: Fungujete ze vzdoru, protože se snažíte najít porozumění v něčem, co ve skutečnosti neexistuje. Ostatní lidé, svojí svobodnou vůlí a volbou také vytvářejí něco, co neexistuje. Pokračují v přijímání, v souhlasu, v reakci a ve vzdoru.

To jsou funkční elementy vašeho světa. Abyste ho mohla změnit, musíte fungovat z dovolení. A pokaždé, když jste v dovolení, změníte ty, kteří jsou okolo vás. Pokaždé, když za vámi někdo přijde s pevným úhlem pohledu, a vy řeknete „Ach, zajímavý úhel pohledu", a budete v dovolení, pohnete vědomím světa, protože ho nekoupíte, neuděláte ho ještě pevnějším, nebudete s ním souhlasit, ani mu odporovat a neuděláte ho realitou. Umožníte realitě, aby se pohnula a změnila. Pouze dovolení vytváří změnu. Musíte dovolovat sama sobě přinejmenším tak, jak dovolujete ostatním, jinak nakoupíte celý sklad a zaplatíte za něj svými kreditkami.

S: Stane se tak svět naprosto klidným?

R: Zcela určitě ne. Udělejme následující. Dělejte to všichni, bude to jen minutka, ale S, vy budete pokusný králík, ok? Dobře. Zbývá vám deset sekund do konce života, co si vyberete? Váš život vypršel – nic jste si nevybrala. Zbývá vám deset sekund do konce života, co si vyberete?

S: Vybírám si nevybírat.

R: Vybíráte si nevybírat, ale vidíte, můžete si vybrat cokoliv. Pokud si začnete uvědomovat, že máte pouze deset sekund, ze kterých můžete tvořit, jen deset sekund stačí k tvorbě reality. Deset sekund, kratší doba, než abyste si mohli získat důvěru, ale pro tenhle okamžik, je to dostatečná doba, ze které musíte fungovat. Pokud fungujete z deseti sekund, vybrala byste si radost nebo smutek?

S: Musela bych si vybrat smutek.

R: Přesně tak. Vidíte, vybrala jste si realitu tím, že jste si zvolila smutek. A pokud si vyberete z minulosti nebo z očekávání budoucnosti, tak si vůbec nevybíráte. Nežila jste a nežijete svůj život. Existujete jako obrovské jednolité omezení. Zajímavý úhel pohledu, že?

S: Ano.

R: Dobře, jaká je vaše další odpověď? Číslo dvě na seznamu u otázky... Jaká to byla otázka, teď jsme ji zapomněli.

S: Jaké jsou pro vás peníze?

R: Jaké jsou pro vás peníze, ano, děkujeme.

S: Pro mě jsou něčím úplně vespodu, myslím, v této rovině, je to boj ve vězení...

R: Ach, ano. Velmi zajímavý úhel pohledu? Vnímáte peníze jako boj ve vězení. To určitě popisuje každého v téhle místnosti. Je tu někdo, kdo to nevidí jako realitu, kterou si vytvořil?

S: Boj ve vězení?

R: Ano.

S: Já ne.

R: Vy to nevidíte?

S: Málo. Vlastně nerozumím tomu, co to znamená.

R: Vy neustále nebojujete za to, dostat peníze?

S: Ach takhle.

R: A nezdá se vám to jako vězení, že nemáte dost?

S: No jasně. (Smích).

R: Fajn.

S: Všichni musíme být v podobné realitě.

R: Všichni žijete tutéž realitu. Takže je potřeba, abychom to ještě nějak rozebírali?

S: Jo. Co S, s jeho výměnným systémem?

R: Není to samo o sobě menší vězení?

S: Tím si nejsem jistý, co ty na to, S?

S: Ano, je.

R: Ano, je. Vidíte, každý má svůj úhel pohledu. Díváte se na S a vidíte jeho realitu jako svobodu, ale on se dívá na Donalda Trumpa jako na svobodu. (Smích).

S: Ok, říkáte, že si o tom musíme promluvit, jak to s tím jde dohromady?

R: Dovolení. Zajímavý úhel pohledu, což? Že se cítím být uvězněná penězi, že mi to přijde jako vězení. Přijde vám to jako samet? Přijde vám to jako expanze? Ne. Přijde vám to jako zmenšení. Je to realita nebo to, co jste si vybrala, z čeho si tvoříte svůj život? Je to váš výběr, z čeho si tvoříte svůj život. Už to není žádná realita, zbyly jenom zdi. Ale vy jste se rozhodla, že jsou pevné, a tak vás chrání před mrazem. A takhle to funguje. A se stejnou mírou pevnosti si děláte svá omezení. Začněte fungovat v dovolení, to je váš lístek, abyste se dostali z pasti, kterou jste vytvořili. Je to jasné? Další otázka.

PÁTÁ KAPITOLA

Jak vám peníze připadají?

Rasputin: Dobře, další otázka. Jak vám peníze připadají?

S: Jsou zelené a zlaté a stříbrné.

R: Takže mají barvu, mají soulad, určitou pevnost. Je to pravda?

S: Ne.

R: Ne, peníze jsou jen energie, to je celé. Kolem formy, kterou na sebe berou ve fyzickém vesmíru, jste vytvořili významnost a pevnost, abyste vytvořili pevnost svého vlastního světa, který vytváří neschopnost je mít. Pokud vidíte pouze zlato nebo stříbro, pak byste měli mít kolem krku spoustu řetízků. Pokud jsou zelené a pokud nosíte zelené oblečení, máte peníze?

S: Ne.

R: Ne. Proto musíte vidět peníze nikoliv jako formu, ale jako vědomí energie, protože to je lehkost, z níž můžete vytvořit celek všeho v hojnosti.

S: Jak vidíte energii?

R: Tak, jak jste ji cítila, když jste ji táhla každým pórem svého těla; tak vidíte energii. Vidíte energii vnímáním vědomí. Je to tak?

S: Ano.

R: Další otázka.

ŠESTÁ KAPITOLA

Jak vám chutnají peníze?

Rasputin: Další otázku. Jaká je další otázka?

Studentka: Jak chutnají?

R: Ok, chcete na ni odpovědět? To by mohla být legrace.

S: Peníze chutnají jako drahá tmavá čokoláda.

R: Ehm, zajímavý úhel pohledu, ne? (Smích)

S: Papír, inkoust a špína.

R: Papír, inkoust a špína, zajímavý úhel pohledu.

S: Špinavá páska přes oči.

S: Mým chuťovým pohárkům po stranách úst se začaly sbíhat sliny.

R: Ano.

S: Sladké a vodové.

S: Kluzká špína, cvrnkací kuličky a broskvoně.

R: Dobře, to stačí. Chutnají vám velmi zajímavě. Povšimněte si, že peníze mají daleko zajímavější chuť, než jaký jste z nich měli pocit. Jsou více druhově nápadité. Proč si myslíte, že to tak je? Protože jste si je vytvořili jako svoji tělesnou funkci. Pro S jsou peníze o jídle, o čokoládě. Ano, vidíte, každý máte úhel pohledu na chuť peněz jako něco. Jsou kluzké, zajímavé, jsou příjemné na jazyku? Kloužou snadno dolů do krku?

S: Ne.

R: Zajímavý úhel pohledu. Proč nekloužou snadno do krku?

S: Zadrhnou se.

R: Zajímavý úhel pohledu: tvrdé a křupavé. Opravdu máte o penězích zajímavé úhly pohledu.

S: Ale všechno je to stejný úhel pohledu.

R: Všechno je to úhel pohledu o těle.

S: I když to vypadá jinak, protože ona…

R: I když to jinak vypadá.

S: …ona řekla čokoláda a já řekla hořké, ale to je to samé.

R: Je to to samé, je to o těle. Má to co do činění s vaším tělem.

S: Ta chuť ano.

R: Vážně?

S: Ano.

R: Můžete mít chuť mimo tělo?

S: Ne pokud se jedná o anglický sendvič.

R: Jde však o to, že peníze jsou funkce, kterou považujete za tělesnou funkci. Vidíte je jako realitu třetí dimenze, ne jako realitu tvoření. Vidíte je jako něco, co je pevné, skutečné a podstatné, jako něco, co má chuť, formu a strukturu. A proto je k nim určitým způsobem přistupováno. Ale pokud jsou energií, jsou lehkostí. Pokud jsou tělem, jsou těžké a důležité. A z těžkosti a důležitosti jste je vytvořili, není to tak?

S: Ano.

R: Není to tam, odkud pocházejí všechny vaše úhly pohledu?

S: Jak jste se zeptal na chuť, šli jsme zase do domněnek.

R: Domněnky. Okamžitě jste se domnívali, že to, kde žijete, je vaše tělo. Takhle fungujete. Víte, je to kluzké, je to špinavé, všechny tyhle věci. Zbavte se jich. Zajímavý úhel pohledu na peníze.

S: Někdy jsou teplé a studené.

R: Teplé a studené? Vážně to tak je?

S: Ale co třeba to, že za nimi je punc důvěry, že jsou kryté zlatem…

R: To je úhel pohledu, pohled, který jste nakoupila. Je to realita? Dávno ne!! (Smích) Je za penězi něco? Vezměte si dolar a podívejte se, co za ním vidíte?

S: Vzduch.

R: Nic, vzduch! Spoustu vzduchu, to je všechno. To za ním je. (Smích)

S: Hodně vzduchu.

R: Hodně vzduchu, přesně tak. (Smích) A když slyšíte lidi, jak se baví o penězích, tvoří je jako horký vzdych? Mluví o nich jako o horkém vzduchu? Ano, ale jak je vytvářejí? Jsou důležité, těžké a masivní, že ano? Váží jako hromada cihel. Je to realita? Takhle chcete sami pro sebe tvořit? Dobře. Začněte se na ně dívat, vnímat je. Vnímejte, pokaždé když uslyšíte, že se k vám blíží nějaký pohled na peníze. To je váš domácí úkol spolu s ostatními. Pokaždé, když pocítíte energii nějakého pohledu, nápadu, víry, rozhodnutí nebo postoje k penězům, pozorujte, kde vás v těle zasáhnou. Vnímejte jejich tíhu a proměňte ji na lehkost. Proměňte ji na lehkost, je to jen zajímavý úhel pohledu.

Je to jen zajímavý úhel pohledu, to je všechno, co to je. Není to realita. Ale velmi rychle uvidíte, z čeho se váš život tvoří, jak do něj proudí peníze z vaší vůle tím, jak se podílíte na nakupování úhlů pohledu ostatních lidí. Kde jste v tomhle nastavení vy? Jste pryč, zmenšili jste se, zmizeli jste a stali jste se přisluhovačem, otrokem toho, čemu říkáte peníze. Není to pravda víc než to, že vzduch, který dýcháte, je pravdou. Není to nic důležitějšího než se nadechnout. A není to o nic důležitější než se dívat na květiny. Květiny vám přinášejí radost, je to tak? Díváte se na květiny; přinášejí vám radost. Když se podíváte na peníze, co vám přinesou? Depresi, že jich není tolik, kolik byste si přáli. Nikdy nevyměňujte vděčnost za peníze, které máte, ano?

S: Ne.

R: Dostanete sto dolarů a řeknete si: „Ach, z tohohle zaplatím účty, sakra, chtěl bych mít víc." (Smích) Místo toho, abyste si řekli: „Wau, to jsem něco dobře zhmotnil, že?" Neoslavujete to, co vytvoříte. Řeknete si: „Ups, příště už tolik nevydělám." Kdo to říká? Jak se vám tohle projeví v životě? Když se podíváte na bankovku, když najdete na zemi jednodolarovku, zvednete ji, dáte si ji do kapsy a pomyslíte si: „To mám dneska štěstí." Pomyslíte si: „Chlape, to se ti povedlo to zhmotnění, to se ti povedla tvorba, že k tobě přišly peníze"? Ne, protože to nebylo deset tisíc dolarů, což je tolik, kolik si myslíte, že potřebujete. Už zase to slovo *potřebovat*.

S: Jak chutnají peníze?

R: Jak chutnají?

S: Špinavě.

R: Špinavě? Není divu, že žádné nemáte. (Smích)

S: Sladce.

R: Sladce. Vy jich budete mít víc.

S: Dobře.

R: Dobře, chutnají dobře. Vy jich taky budete mít o trochu víc.

S: Jako voda.

R: Jako voda, protečou rychle jako voda? (Smích) Přes močový měchýř. Ještě nějaké úhly pohledu? Žádné další? Nikdo nemá žádné další úhly pohledů na peníze?

S: Jsou fuj.

R: Fuj. Kdy jste naposledy ochutnala peníze?

S: Jako dítě.

R: Protože vám jako malému dítěti řekli, že jsou špinavé a že se nestrkají do pusy. Proto jste koupila úhel pohledu, že peníze jsou fuj. Koupila jste úhel pohledu, že nejsou ničím dobrým, že nejsou energií, ale že je to něco, čemu se máte vyhýbat. Protože byly špinavé, protože pro vás nebyly k dobru. A koupila jste to jako velmi mladá a už se toho pořád držíte. Můžete si teď vybrat něco jiného?

S: Ano.

R: Dobře. Dovolte si mít realitu, která je pouze zajímavým úhlem pohledu. Jakkoliv peníze chutnají. Není to pevné, je to energie, vy jste také energie. Je to jasné? Vytvořila jste si svůj svět kolem úhlů pohledů na peníze, které máte? Jsou špinavé, jsou fuj, máte jich omezené množství, protože nechcete být špindíra? Někdy je to daleko větší legrace, být špinavá, já to tak v životě měl. (Smích)

SEDMÁ KAPITOLA

Jestliže si představíte peníze, jak k vám přicházejí, z jakého směru jdou?

Rasputin: Dobře, takže další otázka. Jaká je další otázka?

Studentka: Z jakého směru k vám přicházejí peníze?

R: Dobře. Z jakého směru vidíte přicházet peníze?

S: Zepředu.

R: Zepředu. Jsou vždycky v budoucnosti, že? Někdy v budoucnosti je budete mít, jednou budete bohatá. To víme všichni.

S: Ale někdy je vidím přicházet odnikud.

R: Odnikud je lepší místo, ale nikde, kde je nikde? Lepší místo, odkud by měly přicházet peníze, je odkudkoliv.

S: A když přicházejí odevšad, ale ne seshora?

R: Hm, proč si to omezujete?

S: Já vím, nikdy jsem nad tím nepřemýšlela.

R: Nikdy jste si nemyslela, že je pro déšť v pořádku, že přichází…

S: Ne, déšť jsem viděla, ale nikdy mi nedošlo, že vlastně pochází ze země. Váš vlastní strom peněz.

R: Ano, nechte si peníze vyrůst kdekoliv. Peníze mohou přijít odkudkoliv. Peníze jsou k dispozici vždycky. Teď navnímejte energii v téhle místnosti.

Začínáte tvořit jako peníze. Cítíte tu jinakost svých energií?

Třída: Ano.

R: Ano, odkud k vám přicházejí?

S: Od manžela.

Třída: (Smích).

R: Od manžela, od ostatních, odkud ještě?

S: Přes kariéru.

R: Kariéra, těžká práce. O jakých úhlech pohledů tady mluvíte? Pokud je hledáte u jiné osoby, kde se ta osoba nachází? Před vámi, vedle vás, za vámi?

S: Za mnou.

R: Pokud je to váš bývalý manžel.

S: Je.

R: Takže se díváte do minulosti, směrem od něho, odkud berete svůj život. Je to tam, odkud tvoříte?

S: Ne, ale myslím...

R: Aha, dobře. Lžete. Nejprve vezměte všechna místa, která jsou v této místnosti, a táhněte energii z této místnosti, před sebe, skrz každý pór svého těla. Vtáhněte ji skrz každý pór vašeho těla. Dobře, a teď ji vtáhněte zezadu do všech pórů těla. Dobře. A teď ji vtáhněte ze všech stran do všech pórů těla. A teď ji vtáhněte zespodu do všech pórů vašeho těla. A teď ji vtáhněte z horní části sebe do všech pórů těla. A teď k vám přichází energie ze všech stran, a peníze jsou jen jinou formou energie, a proměňte ji nyní v peníze, přicházející skrz každý váš pór ze všech směrů.

Všimněte si, jak je většina z vás udělala pevnější. Zlehčete je, udělejte je znovu energií, kterou přijímáte. A teď ji změňte na peníze. Dobře, to je lepší, tak se stáváte penězi. Proudí skrz každý pór vašeho těla. Nevidíte je přicházet od jiných lidí, nevidíte je přicházet z jiného prostoru, nevidíte je přicházet z práce; dovolíte jim proudit dovnitř. A teď ten tok ze všech částí vašeho těla zastavte. A nyní vás žádáme, abyste ze své přední strany nechali proudit energii, jak jen můžete. Nechte ji, ať proudí ven, ať proudí ven. Zmenšuje se vaše energie? Ne, nezmenšuje. Když necháváte proudit energii ze sebe zepředu ven, vnímejte, jak zároveň proudí do vašich zad.

Energie nikde nekončí, je to plynulý tok. Stále proudí, stejně jako peníze. Nyní táhněte energii do každého póru těla, ze všech míst. Dobře, přesně tam. A teď si všimněte, že když ji odevšad vtahujete, také odevšad vychází, neustává. Nyní z ní udělejte peníze a uvidíte, jak létají všude kolem vás. Ano, létají dovnitř a ven kolem dokola. Stále se pohybují. Je to energie - jako vy. Jste jí vy. Vy jí jste. Přesně takhle.

Dobře, teď přestaňte proudit. Teď pošlete stovky dolarů komukoliv před vámi v této místnosti. Pošlete proud velkého množství peněz, vidíte, jak k nim proudí velké množství peněz a posílejte je, posílejte je, posílejte je. Všimněte si, že stále táhnete energii do zad a pokud to dovolíte, přijde tolik energie dozadu, kolik vydáte zepředu a stále ji měníte jako peníze. Dokážete si to představit? Když si myslíte, že nemáte dost peněz na zaplacení účtu a je těžké posílat proud energie, je to proto, že jste zavřeli zadní část svého těla a nejste ochotni ji obdržet. Peníze proudí dovnitř stejně tak, jak proudí ven. Pokud je zablokujete svým úhlem pohledu, že jich zítra nebude dost, vytváříte si v sobě omezení. A nemáte žádné omezení kromě těch, které si sami vytvoříte. Dobře, pochopil to každý? Další otázka.

OSMÁ KAPITOLA

Ve vztahu k penězům, cítíte, že jich máte více, než potřebujete nebo méně, než potřebujete?

Rasputin: Další otázka.

Student: Ve vztahu k penězům, cítíte, že jich máte více, než potřebujete nebo méně, než potřebujete?

R: Ano. Ve vztahu k penězům, cítíte, že jich máte více, než potřebujete nebo méně, než potřebujete?

S: Méně.

S: Musím říct méně.

S: Každý řekl méně.

R: Ano, je to tak dáno, co? Nikdo z vás, kdo tu jste, si nemyslíte, že máte dost. A protože to vždycky vidíte jako potřebu, co budete vždycky vytvářet? Potřebu. Nemít dost.

S: Ale jak zaplatím zítra účty?

R: Ano, tady to vidíte. Vždycky se díváte na to, jak zítra zaplatíte účty, to je přesné, děkuji vám moc. Vždycky to je o tom, jak zítra něco zaplatíte. Dnes máte dost? Ano!

S: Jsem v pohodě?

R: „Jsem v pohodě," kdo to řekl? Vy tam, máte zajímavý úhel pohledu Jsem v pohodě. Je mi skvěle, je mi úžasně a tím teď vytvoříte víc.

Moje peníze jsou úžasné, miluji tolik peněz, mohu mít tolik, kolik si přeji. Nechte to přijít. Buďte vděční za to, že to dnes máte, nebojte se o zítřek, zítra je nový den, projevujete nové věci. Příležitosti k vám přicházejí, je to tak?

A teď mantru: „Vše v životě ke mně přichází s lehkostí, radostí a slávou." (Studenti několikrát opakují mantru). Dobře, teď vnímejte energii, není stejná jako u „Jsem moc, jsem vědomí, jsem kontrola, jsem kreativita, jsem peníze"?

S: A láska?

R: A láska. Ale vy jste vždycky láska, vždycky jste byli láska a vždycky láska budete, to je dáno.

S: Proč?

R: Proč je to dáno? Jak si myslíte, že jste vytvořili v první řadě nejdříve sebe? Z lásky. Přišli jste na tohle místo s láskou. Jediná osoba, které nedáváte lásku s lehkostí, jste vy. Buďte milující sami sebe a budete penězi, budete radostí a budete lehkostí.

DEVÁTÁ KAPITOLA

Ve vztahu k penězům, když zavřete oči, jakou mají barvu a kolik mají dimenzí?

Rasputin: Ve vztahu k penězům, když zavřete oči, jakou mají barvu? A kolik mají dimenzí? Kdokoliv…

Student: Tři dimenze.

R: Modrou a tři dimenze.

S: Multidimenzionální?

S: Zelená a dvě.

S: Zelená a tři.

R: Je zajímavé, že pro většinu z vás mají dvě dimenze. Malinko z vás má multidimenzionální a někteří máte tři.

S: Já mám do široka otevřený prostor.

R: Do široka otevřený prostor je o trochu lepší. Do široka otevřený prostor je místo, kde by peníze mohly být, vnímejte tu energii. A peníze pak mohou přijít odkudkoliv, nebo ne? A jsou všude. Když vidíte peníze jako do široka otevřený prostor, není tam žádný strach, je to tak? Není tam žádné zmenšování, forma, struktura a význam.

S: A žádná barva?

R: A žádná barva. Protože, fajn, díváme se na dolary Spojených Států, co takhle zlatá? Je zelená a má tři strany? Ne. A co stříbrná? No, někdy to hraje všemi barvami, ale ani tak to nestačí. A je to tekuté? Máte tekuté barvy?

S: Ne.

R: A co muž v obchodě. Jakým způsobem byste s ním chtěl mluvit? Jdete do obchodu koupit co? Jakou domněnku…

S: Je to drahé.

R: Ano, je to do široka otevřený prostor, ale my mluvíme o tom, že si dovolíte, aby k vám přišlo tolik peněz, o kterých se vám ani nesnilo. Nikdy nemyslete na peníze. Když jdete do obchodu, díváte se na ceny všech zakoupených věcí a sčítáte je, abyste zjistili, kolik a zda máte dost peněz na útratu?

S: Někdy mám strach se podívat na čerpání na kreditce.

R: Přesně. Nedívejte se na výši čerpání na kreditní kartě, pokud nechcete vědět, kolik peněz dlužíte. (Smích) Protože zjistíte, že nemáte dost peněz na zaplacení. Automaticky to předpokládáte.

S: Ani jsem se na to nechtěl podívat.

R: Nechtěl?

S: Podívat se na to.

R: Napište si to.

S: Chtít, chtít, chtít.

R: Chtít, chtít. Napište si to a roztrhejte to. Už žádné *chtít*, už žádné *potřebovat*. Zakazuje se. Ok?

DESÁTÁ KAPITOLA

Ve vztahu k penězům, co je snazší, příliv nebo odliv?

Rasputin: Dobře. Teď další dotaz.

Student: Ve vztahu k penězům, co je snazší, příliv nebo odliv?

R: Je tu někdo, kdo napsal, že je příliv snazší?

S: Pokud ano, tak lžou. (Smích) Já ne.

R: Dobře, vezmeme-li v úvahu, že se nedíváte na svoje dluhy na kreditních kartách, tak to určitě nebyla pravda.

S: Nejsem si jistá na jakých.

R: Nejsem si jistá, zajímavý úhel pohledu, hm? Takže pro vás všechny je myšlenka, že peníze odtékají, nejčastěji tím nejdůležitějším hlediskem, kterého se držíte. Je tak snadné peníze utratit, je tak těžké si je vydělat. Musím tvrdě pracovat, abych si vydělal peníze. Zajímavý úhel pohledu, co? Kdo vytváří tyto úhly pohledu? Jste to vy!!

Navnímejte peníze, navnímejte energii, která přichází do vašeho těla. Přichází ze všech stran, vnímejte, jak přichází. Tak, teď nechte energii protékat zepředu, pociťujte, že přichází i zezadu, a dovolte, aby byla stejná. Nyní cítíte, jak stovky dolarů vycházejí zepředu a stovky dolarů zezadu. Cítíte, jak tisíce dolarů vycházejí zepředu a tisíce dolarů zezadu. Všimněte si, jak se u toho většina z vás trochu zabrzdila. Zlehčete to, jsou to jen peníze, nejsou důležité a teď je ani nemusíte vytahovat z kapsy. Nechte miliony dolarů vytékat zepředu a miliony dolarů zezadu. Všimněte si, že je snadnější převést miliony dolarů, než převést tisíce dolarů. Protože jste si vytvořili významnost o tom, kolik peněz můžete mít, a až se dostanete k milionům, už tam žádná významnost nezbude.

S: Proč?

R: Protože si nemyslíte, že budete mít milion dolarů, čímž se to stane nepodstatné. (Smích)

S: Větší problém pro mě bylo nechat jít peníze zezadu, nebo si možná myslím, že ho budu mít.

R: Možná, ale určitě jste ochotnější nechat své peníze odtékat, než jste ochotný je nechat přitékat. To je další zajímavý pohled, že? Už je energie, která jde ven, stejná jako ta, která jde dovnitř? Ano, jakž takž. Ale ani energie, ani peníze nemají žádná omezení kromě těch, které sami vytvoříte. Máte na starosti svůj život. Vytváříte ho. A vytváříte svým výběrem a svými nevědomými myšlenkami, domnělými úhly pohledu, které se staví proti vám. A děláte to z místa, kde si myslíte, že nejste moc, že nemáte moc a že nemůžete být energií, kterou jste.

JEDENÁCTÁ KAPITOLA

Jaké máte tři nejhorší problémy s penězi?

Rasputin: Jaká je další otázka?

Student: Jaké máte tři nejhorší problémy s penězi?

R: Ach, tahle je dobrá. Kdo by chtěl být dobrovolníkem na tuhle otázku?

S: Já.

R: Dobře, vy, támhle.

S: Mám strach, že nebudu mít vůbec žádné peníze.

R: Aha, dobře, už jsme mluvili o tom, mít strach, viďte? Potřebujeme to tedy ještě víc rozebírat? Je to všem už jasné? Ok, další.

S: Chci si kupovat hodně věcí.

R: Ach, to je zajímavý úhel pohledu, kupovat si spoustu věcí. Co tím získáváte, že si kupujete spoustu věcí? (Smích). Že máte spoustu práce, že se musíte o spoustu věcí starat, že si život zaplňujete spoustou věcí. Jak lehké to pro vás je?

S: Zatěžuje mě to a pak se přistihnu, jak je dávám pryč. Sousedům, jako dárky k narozeninám...

R: Ano. Takže jaká je hodnota toho, že si kupujete spoustu věcí?

S: Mám to v krvi.

R: Tak proč to považujete za svůj problém?

S: Protože mě to obtěžuje.

R: Obtěžuje vás, že nakupujete?

S: Ano.

R: Dobře, takže jak překonáte touhu nakupovat? Tím, že budete mocí, vědomím, kontrolou a kreativitou. A když se dostanete do situace, ve které cítíte, že si něco potřebujete koupit, důvod, že to kupujete, je ten, že předpokládáte, že nemáte dost energie. Dopravte do sebe energii. Chcete-li se zbavit vašeho zvyku nakupovat, dejte peníze bezdomovci na ulici nebo je pošlete charitativní organizaci nebo je darujte známému. Protože to, co jste udělali, je, že jste se rozhodli, že k vám přichází příliš mnoho peněz. A tak se musíte ujistit, že z vašeho úhlu pohledu vyrovnáte tok peněz. Vidíte, jak to děláte?

S: Ano. Vlastně ke mně chodí hodně peněz.

R: Ano. Je přítok peněz pravým opakem jejich odtoku? Ne, to je vytvořená realita. A to, jak v ní existujete a co usuzujete, je, že ve vás není duchovní složka, že nejste napojena na svou božskou sílu, pokud máte hodně peněz. Na tom nezáleží, popravdě, záleží na vaší volbě ohledně toho, jak si tvoříte život. Pokud si ho tvoříte jako energie, jako moc, jako vědomí a kontrola, budete váš život naplněn radostí, což je to, čeho chcete dosáhnout v první řadě. Lehkost a radost a sláva, to je to, po čem toužíte, to je to, čím se nakonec stanete, to je to, kam směřujete. A to je to, čeho dosáhnete, pokud se budete řídit návody, které vám tento večer dáváme. Zodpověděli jsme všechny dotazy?

S: Jen ta samá věc. Pokud mám peníze a cítím to, pak je někdo jiný nemá, a tak bych mu je měl dát. Ale zase nemám až tolik a dělám si něco jako starosti.

R: Tak co kdybyste jim dal energii?

S: Dát jim energii místo peněz?

R: Ano, je to to samé.

S: Takže když někdo žebrá v metru, tak vy… (Smích)

R: No, musíte...

S: Chtějí po vás dolar a vy...

R: Nenadechli jste dnes večer do sebe energii?

S: Ano.

R: Nesnědli jste svou dávku energie? Jaký je smysl jezení? Dostat energii. Jaký je smysl peněz? Mít energii. Jaký je smysl dýchání? Mít energii. Není v tom vůbec žádný rozdíl.

S: Zdá se to být rozdíl.

R: Jenom tehdy, pokud se rozhodnete a vytvoříte si, že to rozdíl je. Váš předpoklad je, že to je rozdíl.

S: To je fakt.

R: A když to předpokládáte, začnete tvořit z místa, které vytváří nedostatek peněz a nedostatek energie.

S: Ale to mi nepřipadá moc v pořádku, protože část toho, co předpokládám, je, že jsem člověk, že...

R: To je špatný předpoklad.

S: Žiji v lidské společnosti s mnoha výtvory, jako je chleba, voda, čas, vláda...

R: Takže vytváříte sebe jako tělo.

S: Vytvářím sebe jako S v roce 1996 v New York City. Ano.

R: Vytváříte sebe jako tělo. Je to to, čím si skutečně přejete být? Jste tak šťastný?

S: Ne...

R: Ne!

S: Když jsem byl mimo tělo, byla tam další místa, která se zdála být mnohem horší, a tak mi tohle připadalo být dobrým místem k tomu, abych se zastavil a podíval se na to, jak bych ten problém mohl vyřešit. Mezitím to bylo celkem špatné, nové...

R: Ale vy si vytváříte reality svým vlastním úhlem pohledu, ať už jste na jakémkoliv místě.

S: To se mi nezdá, připadá mi, že ostatní tvoří se mnou nebo pro mě, nade mnou. Nemyslím si, že bych to takhle říct, nemyslím si to, možná, ale nemyslím si to.

R: Nemáte kontrolu nad tím, co říkáme?

S: Co říkáte. Já a vy jsme nějak spojeni...

R: Ano.

S: ... každý je, ale... a... ten paradox je, že vy jste vy a o to se nepřu, vy jste duchovní bytost.

R: Stejně jako vy.

S: A vy jste S (další student), a vy jste S (další student), a sdílíme spolu určitou realitu, jsme v New Yorku v roce 1996, je to tak? Jsem v tom nějak s vámi, ale nemyslím si, že jsem vy.

R: To je v pořádku, o tom jsme mluvili, že si nemyslíte. Pokaždé, když myslíte...

S: Mám problém.

R: Máte problém.

S: Na to jste kápli. (Smích)

R: Tak ho odhoďte, odhoďte mozek, je k ničemu.

S: A jen skočit ze střechy.

R: Skočte ze střechy a začněte se vznášet jako bytost, kterou jste. Když odhodíte mozek a zastavíte myšlenkový proces, každá myšlenka má elektrický prvek, který vytváří vaši realitu. Pokaždé když myslíte: „Jsem tohle", „Jsem tělo", tak se tím stáváte. Vy nejste S, vy jste zdání S v tuto chvíli, ale byl jste milionem dalších životů a milionem dalších identit. A jste jimi stále, právě teď. Vaše vědomí, jeho velká dávka, je z vašeho úhlu pohledu právě tady a teď. A to také není realita. Jestliže se odpojíte od myšlenky, že vaše realita je v tuto chvíli tvořena vaším absolutním vědomím, a začnete vidět, kde jsou vaše další myšlenky, další úhly pohledu a postoje, přesvědčení, rozhodnutí a myšlenky jiných lidí, začnete se propojovat s dalšími dimenzemi, které vám v této rovině mohou poskytnout lepší realitu než cokoli, co se snažíte vytvořit právě teď z vašeho myšlenkového procesu. A právě tam opravdu toužíte jít.

Myšlení stojí v cestě životu, protože to není tvůrčí proces, je to past. Další otázka.

DVANÁCTÁ KAPITOLA

Čeho máte víc, peněz nebo dluhů?

Rasputin: Další otázka.

Student: Čeho máte víc, peněz nebo dluhů?

R: Čeho máte víc?

S: Dluhů.

S: Dluhů.

R: Dluhy, dluhy, dluhy, dluhy. Zajímavé, že všichni mají dluhy, proč to tak je? Proč máte dluhy? Navnímejte slovo *dluh*.

S: Je těžké.

S: Ano.

R: Jako tuna cihel. Dáme vám malou nápovědu, jak to udělat lehčí. Protože na vás tak těžce spočívá, že si kupujete úhel pohledu, že je to to nejdůležitější, co na vás je, že ano? Protože je to těžké, protože to je významné, protože to je pevné, tak to k tomu přidáváte, protože si kupujete myšlenku, že je v pořádku zadlužovat se, kupujete si myšlenku, že by člověk měl být zadlužen a kupujete si myšlenku, že stejně nemůžete mít dost peněz, aniž byste měli dluh. Je to pravda?

S: Uh, huh.

R: Zajímavý úhel pohledu. Je to pravda?

S: No, dřív jsem si to myslel.

R: Dobře a budete si to dál myslet?

S: Ne.

R: Dobře, fajn. Takže jak se zbavíte svých účtů a dluhů? Tím, že splatíte minulé výdaje. Můžete z minulých výdajů udělat pevnou věc? Vnímejte to, je to jako dluh?

S: Není na tom soud.

R: Žádný soud, přesně. A přesto se, pokud jde o váš dluh, významně soudíte, že ano? A když se soudíte, kdo to je, kdo do vás kope?

S: Já sám.

R: Správně. Proč se na sebe zlobíte za to, že jste vytvořil dluh? No, měl byste. Jste velký a úžasný tvůrce dluhu, jste tvůrce, vytvořil jste nádherný dluh, je to tak?

S: Oh, ano.

R: Nádherný dluh, chlapče. Jak jen jsem dobrý ve vytváření dluhů! Takže vidíte úžasného tvůrce dluhů, kterým jste. Buďte úžasným tvůrcem, jakým jste, na zaplacení svých minulých výdajů. Vnímejte lehkost v minulých výdajích – tak vytváříte posun ve vědomí. Lehkost je nástroj, pokud jste lehcí, pokud jste lehcí jako být penězi, můžete vytvořit posun a změnu ve svém vědomí a v každém okolo vás. A vytvoříte dynamickou energii, která začne hýbat celým prostorem, ve kterém žijete, a tím, jak přijímáte peníze, jak k vám přicházejí a jak všechno ve vašem životě funguje. Ale vězte, že jste skvělý a báječný tvůrce a že vše, co jste v minulosti vytvořil, bylo přesně to, co jste řekl, a to, co vytvoříte v budoucnu, bude přesně tím, jaké to vytvoříte volbami, které učiníte. Další otázka.

TŘINÁCTÁ KAPITOLA

Ve vztahu k penězům, k tomu, mít v životě hojnost peněz. Jaké tři věci by byly řešením pro vaši současnou finanční situaci?

Rasputin: Dobře, ještě nám zbývají dvě otázky. Ano?

Student: Jedna otázka.

R: Jedna otázka. Jak zní poslední otázka?

S: Ve vztahu k penězům, k tomu, mít v životě hojnost peněz. Jaké tři věci by byly řešením pro vaši současnou finanční situaci?

R: Dobře. Kdo chce být dobrovolníkem pro tuto otázku?

S: Já.

R: Dobře.

S: Dělat to, co miluji a jak nejlépe dovedu.

R: Dělat to, co milujete a jak nejlépe dovedete?

S: Ano.

R: Co vás vede k tomu myslet si, že nemůžete dělat, co milujete, a jak nejlépe dovedete? A jaká je tady základní domněnka?

S: Že mi chybí peníze, abych se k tomu mohl dostat.

R: Co děláte nejraději?

S: Rád pracuji na zahradě a léčím.

R: Zahradničení a léčení? A děláte to?

S: Občas.

R: Tak co vás vede k tomu myslet si, že se vám nedostává toho, po čem toužíte?

S: Um...

R: Protože trávíte sedm dní v týdnu něčím, co nenávidíte?

S: Přesně.

R: Kdo vytvořil tuhle realitu?

S: Ale, dobře...

R: Tady v okolí nikdo nepotřebuje zahradníky? Jak to, že jste se nestal zahradníkem, když milujete zahradničení?

S: Protože jsem v procesu, kdy na tom pracuji, ale já...

R: Takže co je základní domněnkou, která pod tím leží a ze které fungujete? Čas.

S: Čas, ano.

R: Ano, čas.

S: Nebyl čas to vytvořit.

R: Ano. Nebyl čas to vytvořit. O čem jsme to mluvili na začátku? Kreativita, vytváření si vize. Mocí, bytím „Já jsem síla", dáváte energii tomu, co si přejete, vašemu vědomí toho, že víte, že to budete mít. Kde si tak ustavičně podkopáváte své vědění, že budete mít to, co si přejete? Děláte to každý den, když jdete do práce a říkáte si „Pořád to nemám."

S: To je pravda.

R: Co z tohoto úhlu pohledu vytváříte? Stále to nemít a zítra to mít také nebudete, protože stále máte úhel pohledu, že to nemáte. A vzali jste to jako otázku kontroly a rozhodli jste se, že musí existovat konkrétní cesta, kterou jít, abyste se tam dostali. Nevíte, jestli tou cestou, která vás tam má dostat, je, to, že vás vyhodí, že ne? Ale pokud se rozhodnete, že jediné, co můžete udělat, je udržet si současnou práci, kterou nesnášíte, protože to vám dá svobodu, abyste se dostali tam, kam si přejete se dostat, vytvoříte si mantinely a cestu, která vás tam musí dovést, která ale nedovolí hojnému vesmíru, aby vám dal jeho cestu.

Nyní vám dám další malé prohlášení, které byste si měli napsat a dát si ho někam, kde ho budete mít každý den na očích. Tady je:

Dovoluji hojnému vesmíru, aby mi poskytl rozmanitost příležitostí, navržených tak, aby zahrnovaly a podporovaly můj růst, mé vědomí a mé radostné vyjádření života.

Toto je váš cíl; za tím směřujete.

R: Dobře, jaká je vaše další odpověď?

S: Nemít dluhy, tím bych dostihl sám sebe, a být volný.

R: Nemít dluhy. Jaká je domněnka, která pod tím leží? Že vždycky budu mít dluhy a že mám dluhy. Co si každý den říkáte? "Mám dluhy, mám dluhy, mám dluhy, mám dluhy, mám dluhy, mám dluhy, mám dluhy." Kolik z vás má dluhy?

S: Pravděpodobně všichni.

R: A kolik z vás to říká s hojností a péčí? (Smích)

S: Já ne.

S: S péčí. (Smích)

R: Dobře, tak to z tohohle netvořte. Tvořte to z „Já jsem peníze". Nedělejte si alespoň na chvíli starosti o to, čemu říkáte dluh. Jestli je chcete okamžitě splatit, vezměte každých 10 procent z vašeho výdělku a dejte je na dluhy.

A vůbec je nenazývejte dluhy. Poslechněte si, jak slovo *dluhy* zní. Moc hezky, co říkáte? Nazývejte je minulými výdaji. (Smích)

S: To udělám!

S: To je super, to je vážně super.

R: Těžko se říká: „Jsem minulé výdaje", že? (Smích) Těžko se říká: „Jsem minulé výdaje", ale „Splácím minulé výdaje" je snadné. Vidíte, jak se vymaníte z dluhů? Nesmíme si také všímat aspektu svobody, který tady je. Úhel pohledu, který pod tím leží je, že nejste svobodní, což znamená, že nemáte moc, a to znamená, že nemáte na výběr. Je tomu skutečně tak?

S: Ne.

R: Ne. Vybral jste si zkušenost, každou zkušenost ve vašem životě. Čím pro vás byla v životě každá vaše zkušenost? Vytvářela ve vás větší a větší vědomí. Nic, co jste si v minulosti vybrali, nebylo ze žádného jiného důvodu než aby vás to probudilo do vaší reality a pravdy, jinak byste tady dnes večer nebyl. Je to tak?

S: Mohl byste to ještě zopakovat?

R: Nic z toho, co jste ve svém životě udělal, nebo si vybral, nebylo z jiného důvodu, než abyste v sobě vzbudil svou pravdu, jinak byste tady dnes večer nebyl. Takhle stačí? Zopakoval jsem to slovo od slova? (Smích). Dobře, takže další váš úhel pohledu?

S: Žít snadnější život.

R: Co je tohle za blbost. (Smích)

S: Já vím. (Smích) Věděl jsem to, už když jsem to psal. (Smích)

R: Není tu z vás nikdo, kdo touží po jednodušším životě, jednodušší život je velmi snadný - zemřete! Pak máte jednoduchý život. (Smích) Smrt je jednoduchá; život, život je spousta zkušeností. Život je hojnost všeho, život je hojnost radosti, hojnost pohody, hojnost slávy, je to vaše realita a pravda. Jste energeticky neomezeni, jste v celistvosti, jste vše, z čeho je tento svět stvořen, a pokaždé, když se rozhodnete být penězi, vědomím, kontrolou, silou, kreativitou, změníte tuto fyzickou rovinu na místo, ve kterém mohou lidé skutečně žít s absolutním vědomím, absolutní radostí a absolutní hojností. Nejen vy, ale i všechny ostatní bytosti v této sféře jsou ovlivněny vašimi rozhodnutími. Protože vy jste oni a oni jsou vy. A když prosvětlíte své vlastní úvahy a nebudete je nutit ostatním a trvat na nich, vytvoříte lehčí planetu a probuzenější a vědomější civilizaci. A to, po čem toužíte, co jste si přáli, co je místem míru a radosti, se uskuteční. Vy jste toho tvůrci, buďte v poznání, buďte v radosti a udržujte si to.

Nyní si ještě jednou zopakujeme nástroje.

Jakmile pocítíte, jak k vám přichází energie myšlenek o penězích, a pocítíte, jak se tlačí dovnitř, obraťte ji a nechte ji odejít, dokud znovu nepocítíte prostor, kterým jste. Pak budete vědět, že to nejste vy a že jste tuto realitu vytvořili.

Pamatujte si, že obraz toho, co budete mít, vytvoříte tak, že s ním propojíte moc a energii. A tím, že si budete uvědomovat, že je to realita, která již existuje, protože jste si to mysleli. Nemusíte kontrolovat, jak se to stane, vy jste kontrolou, a proto k tomu dojde tak rychle, jak jen vám to může poskytnout hojný vesmír. A poskytne to, nic nesuďte.

Buďte vděční každý den za každou věc, která se vám zhmotní, když dostanete dolar, buďte vděční, když dostanete pět set dolarů, buďte vděční, když dostanete pět tisíc dolarů, buďte vděční, a za to, že nazýváte své dluhy minulými výdaji nikoli dluhem. V životě nic nedlužíte, protože neexistuje minulost, neexistuje budoucnost, existuje pouze těchto deset sekund, ze kterých si vytváříte svůj život.

Dejte si před sebe mantru: „Vše v životě ke mně přichází s lehkostí, radostí a slávou".

Říkejte desetkrát ráno a desetkrát večer: „Jsem moc, jsem vědomí, jsem kontrola, jsem kreativita, jsem peníze."

Někam si umístěte, kde to vy i ostatní dobře uvidíte: „Dovoluji hojnému vesmíru, aby mi poskytl rozmanitost příležitostí, navržených tak, aby zahrnovaly a podporovaly můj růst, mé vědomí a mé radostné vyjádření života." A buďte tím, protože to je vaše pravda.

A to je pro tento večer všechno. Buďte penězi v každé oblasti svého života. Odcházíme v lásce. Dobrou noc.

ACCESS CONSCIOUSNESS®

Vše v životě ke mně přichází s lehkostí, radostí a slávou! ®

www.accessconsciousness.com